# 디벨로퍼
# 윤선도

정원으로 서남해안을 경영하다

이태겸 지음

P ˙.

# 윤선도의 정원에서
# 떠오른 질문들

조선 시대 대표적인 정원가인 윤선도가 보길도에 들어가 정원을 만들기 시작한 때는 그의 나이 51세인 1637년, 지금으로부터 약 380여 년전 일이다. 필자가 연구 과제로 보길도를 오가며 현장을 기록하기 시작한 지 10년이 훌쩍 넘었다. 당시의 사회 제도와 생활 모습을 찾는 일은 섬이라고 해서 크게 다르지 않았다. 남아있는 것은 거의 없고 단지 땅속에 묻힌 초석의 파편을 통해 그 시절의 모습을 유추해볼 뿐이었다. 더욱이 외부공간에 자연물을 이용해 만든 정원은 전쟁과 개발로 흔적조차 남지 않은 경우가 대부분이다.

보길도의 부용동 정원을 오늘날 전통 정원이란 이름으로 복원하고 연구하기 시작한 것은 근래의 일이다. 흔적과 단편적인 기록에 의지해 옛 정원을 탐구하는 것은 오랜 시간과 노력이 필요한 일이다. 그동안 많은 학자들이 옛 정원에 대한 이론을 정립하기 위해 애썼지만, 주로 학문·사상적 배경을 정원의 원리와 연계하여 탐구하고 선비문화와 도교 사상에 근거하여 해석하는 일이었다. 덕분에 우리나라 '전통' 정원은 현실의 세속적인 욕망에서 벗어나고자 했던 '이상향'의 장소로 각인되었다. 그 이미지는 여전히 은둔과 감상의 공간, 욕심 없고 청빈한 공간이라는 틀 안에 머물러 있다.

윤선도는 우리에게 〈어부사시사〉의 작가이자 아름다운 정원을 만든 감각 있는 조경가로 알려져 있다. 그러나 그가 수리·토목 분야에 뛰어나며, 간척을 통해 가문의 토지를 개간하고 서남해안 일대의 섬을 경영한 사람이라는 것은 생소한 이야기다. 윤선도는 일찍부터 간척과 해양 활동에 적극적이었던 해남 윤씨 가문에서 성장했다. 그는 가문의 정신과 활동을 계승하여 그 누구보다 활발하게 서남해안을 개발한 개척자였다.

그러나 윤선도의 정원에 관한 연구도 기존 연구에서 중시되던 사상과 자연관, 풍수지리에 기반을 둔 해석에서 멈춰있다. 간척과 해상활동을 통해 가문의 경제력을 키우고, 누구보다 제도와 기술에 관한 깊은 조예를 가졌던 그의 활동은 정원을 만드는 일과는 관련 없는 이야기로 다뤄졌다. 사회인 윤선도와 조경가 윤선도는 같은 인물인데 왜 그의 정원과 경제적 활동은 연결되지 않았을까?

조선 시대의 토지 제도 및 생활 방식은 오늘날과 큰 차이가 있다. 가용자원이 한정되어 있었고, 미개발지가 많아 이용할 수 있는 공간도 훨씬 적었다. 조선 시대 사람들은 지금 생각하는 것보다 훨씬 자연과 환경에 맞서 더욱 도전적인 생활방식을 취해야 했을 것이다. 결국, 정원이라는 공간도 이 치열했던 시대의 생계와 생활에서 유리될 수 없는 중요한 공간임이 분명하다. 그런데도 옛 정원에 관한 연구는 정원이 조성된 시기의 토지제도, 가용자원의 종류와 가치, 교통수단, 가문의 영향력 및 활동과 같은 사회·경제적 배경으로 확장되지 못했다.

이 책에서는 생산과 경제활동의 장이면서 가문의 영역 확보의 수단으로써 윤선도의 정원에 주목했다. 그 시대의 사회·경제적 체계에서 살아가던 인간 윤선도 삶의 작동 기제는 무엇이며, 정원을 만드는 행위는 어떻게 연결되어 있었을까? 미적인 틀로 바라본 서정적 공간, 순수하게 보존된 옛 정원에 욕망은 어떻게 감춰져 있을까? 윤선도의 정원을 전통적 가치에서 조금 더 나아가 생산과 경제활동의 장이면서 가문의 영역 확보의 수단으로써 접근해보는 건 어떨까?

필자는 이런 질문들을 가지고 가장 아름다운 민가 정원으로 꼽히는 보길도의 윤선도 정원을 살펴보았다. 수려하게 배치된 정원구성이나 윤선도의 높은 안목을 분석하는 것도 중요하지만 더 나아가 이 정원과 사회 제도 및 경제적 배경, 해남 윤씨 가문의 사회·경제적 활동과 원림과의 관계 등을 다각적으로 살피는 노력도 필요하기 때문이다. 이를 통해 윤선도 정원이 아름다운 정원을 넘어 지역을 경영하던 컨트롤타워로서 새롭게 조명되기를 기대한다.

2022년 10월

목포에서 이태겸

보길도는 윤선도다. 그는 오랜 시간 공들여 보길도 곳곳에 정원을 만들고, 대규모 간척사업을 벌이며 사유화가 금지된 산림천택의 자원을 활용했다. 자원이 풍부한 보길도는 그야말로 황금 어장이 아닐 수 없었다. 윤선도가 보길도를 우연히 발견했다는 설보다 더 설득력 있는 이야기가 필요하다.

윤선도는 간척사업을 통해 많은 토지를 확충하고 농경지를 확장했다. 하지만 경제적 부가가치는 따로 있었다. 연해 지역과 섬 지역에서 얻을 수 있는 어장과 염분이었다. 당시 어장이나 염분을 사유화하고 세를 징수하는 것은 법적 제약이 있었음에도 윤선도는 새로운 명분을 내세워 가문의 경제력을 키워갔다.

윤선도의 정원은 단순히 감상을 위한 공간이 아니다. 세연지는 소금 생산과 민물을 보유하기 위한 저수 장치로도 활용했고, 곡수당 연지는 농업용수와 식수원으로 활용이 가능했다.

세연정은 윤선도가 가장 공들여 조성한 곳이다. 골짜기를 따라 굽은 물길에 큰 바위들을 자연스럽게 놓고 연못 한쪽에는 섬을 만들어 소나무를 심었다. 마치 무릉도원에서 산 아래를 내려다보는 것처럼 자연의 아름다움을 가득 채우고 노래와 춤을 즐겼다니 명예와 부, 어느 것 하나 부러울 게 없었을 것이다.

곡수당과 낙서재

곡수당(曲水堂)은 윤선도의 아들 학관이 거주하던 공간으로 낙서재 골짜기에서 흐른 물이 곡수를 이루고 있다.

비슷한 시기에 조성된 동천석실과 낙서재는 묘한 기운을 가지고 있다.
동천석실에서 내려다보면 낙서재를 중심으로 주변 상황들이 훑어보기 수월하다.
조금만 올려다보면 격자봉 능선의 작은 움직임도 감지할 수 있다.
반대로 낙서재에서 바라보는 동천석설은 명상과 사유의 대상이다.
적당한 눈높이에서 시선을 맞추고 바라보면, 근심을 잊고 평온을 찾을 수 있다.

도가적 이상향을 닮은 동천석실은 책 읽기 좋은 곳이다. 더불어 주변 산림관리를 위한
초소의 기능도 지닌다. 부용동 원림은 자연·미학적인 이상향을 넘어
사회·경제적 가치를 창출하는 공간이기도 했다.

동천석실

## 차례

낙서재 사당에서 바라본 동천석실

# 윤선도와 보길도

孤山先生尊影

윤선도 표준영정, 「한민족정보마당」, 한국문화정보원(이종상 그림, 고산유물전시관)

# 윤선도는 누구인가

## 윤선도의 생애

윤선도(尹善道, 1587~1671)의 본관은 해남(海南), 자는 약이(約而), 호는 고산(孤山) 또는 해옹(海翁)이다. 그는 1587년 6월 22일, 한양 동부 지역 연화방(蓮花坊)에서 윤유심의 차남으로 태어났다.[01]

여덟 살에 그는 강원도 관찰사를 지낸 작은아버지 윤유기(1554~1619)의 양자로 입양되어 해남 윤씨 가문의 장손이 되었다. 윤선도는 17세에 판서를 지낸 남원 윤씨 가문 윤돈(1551~1612)의 딸과 혼인하여 아들 인미(仁美), 의미(義美), 예미(禮美)를 두었다. 18세에 진사 초시에 합격하고, 20세에는 승보시(陞補試)에 장원하였다. 22세에 양모(養母)인 구씨를 여의고, 그 다음해 8월에는 생모(生母) 안씨를 잃었다.

30세에 뒤늦게 관직에 오른 윤선도는 광해군 집권 초기 득세했던 대북파 이이첨(1560~1623)의 죄를 고발하는 상소 〈병진소(丙辰疏)〉를 올리면서 큰 파문을 일으켰고, 이로 인해 함경도 경원으로 귀양을 가게 되었다. 이후 1618년 경상도 기장으로 유배지를 옮겼다가 인조반정(1623) 후에야 비로소 풀려났다. 그는 42세에 인평대군(1622~1658)과

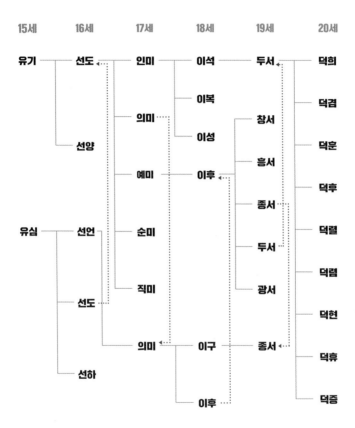

| 15세 | 16세 | 17세 | 18세 | 19세 | 20세 |
|------|------|------|------|------|------|
| 유기 | 선도 | 인미 | 이석 | 두서 | 덕희 |
|  |  |  | 이복 |  | 덕겸 |
|  |  | 의미 |  | 창서 | 덕훈 |
|  | 선양 |  | 이성 | 흥서 | 덕후 |
|  |  | 예미 | 이후 | 종서 | 덕렬 |
|  |  |  |  | 두서 | 덕렴 |
| 유심 | 선언 | 순미 |  | 광서 | 덕현 |
|  | 선도 | 직미 |  |  | 덕휴 |
|  |  | 의미 | 이구 | 종서 | 덕증 |
|  | 선하 |  | 이후 |  |  |

해남 윤씨 가계도(자료: 김영주, 2020, 『그대의 빼어난 예술이 덕을 가리었네』, 열화당, 184~185쪽, 점선은 양자 관계)

봉림대군(훗날의 효종, 재위 1649~1659)의 스승이 되면서 정치·학문적인 전성기를 맞이하였다.

윤선도는 평생 변란을 겪으며 극심한 혼란 속에 살았다. 유년기에는 임진왜란(1592~1598)을, 장년기에는 정묘호란(1627)과 병자호란(1636)을 겪었다. 병자호란이 일어났을 때 그는 의병을 조직하여 해남에서 강화도로 갔으나, 도중에 인조가 항복했다는 소식을 듣고 상심하여 배를 돌려 제주도로 향했다.

윤선도의 후손인 윤위(1725~1756)가 훗날 보길도를 둘러보고 기록한 『보길도지』에 따르면 제주도로 가던 윤선도가 풍랑을 피해 잠시 들른 보길도에서 그 형국(形局)이 풍수의 명당인 것을 보고 그곳에 머물게 되었다고 한다.

윤선도가 보길도에 들어간 다음 해인 1638년, 전쟁 중에 강화도까지 갔다가 임금에게 문안을 드리지 않았다는 모함을 받아 다시 유배를 가게 되었다. 유배에서 풀려난 후에 본격적으로 해남 지역에서 수정동과 문소동, 금쇄동에 별서원림을 만들고, 보길도와 해남을 오가며 〈어부사시사(漁父四時詞)〉 등과 같은 문학작품을 남겼다.

이후 효종이 왕위에 오르면서 다시 벼슬길에 나섰지만 주위의 견제와 시기로 사직하고, 부용동과 금쇄동에 머물면서 후학을 양성하고 원림 생활을 누렸다. 그러나 이후에도 정계의 논쟁에 휘말려 귀향길에 오르는 등 평탄하지 못했다.

풍수에 능통했던 윤선도는 효종 사후 능(영릉)의 위치를 정하는 소임을 맡게 되었지만, 이로 인해 서인(西人)과 갈등을 빚었고, 예송논쟁으로 송시열(1607~1689)과 대립하며 노론에게 집중적으로 비판 받기

현재 윤선도의 집터 표지석이 있는 명동성당 정문 건너편은 명례방 지역으로 윤유기 집이 있던 자리다. 윤선도는 입양된 후 이곳에서 성장했다.

도 했다. 1660년 74세의 고령에도 함경도 삼수로 귀양, 이후 1665년에 전남 광양으로 유배지를 옮겼다가 81세에야 비로소 풀려났다.

그는 말년에 보길도로 돌아와 곡수당(曲水堂)을 짓고 은거 생활을 하다가 낙서재(樂書齋)에서 85세의 나이로 생을 마쳤다. 그는 1637년 (51세, 인조 15년) 2월 보길도에 자리를 잡은 이래 1671년(85세, 현종 12년) 6월 생을 마감할 때까지 약 13년 동안 모두 일곱 차례[02]에 걸쳐 보길도에 머물렀다. 그사이 세 번의 유배 생활과 정치적 좌절 그리고 부모와 자식들의 죽음으로 인한 슬픔을 겪기도 했다. 그가 노년에 조성한 해남 일대의 정원들은 일생에 걸친 역경 이후에 세속적 삶에서 벗어나 이상향을 현실 세계에 구현하려 했던 곳이라고 평가받고 있다.

**삶의 지표, 『소학』**
조선 시대 성종조 시절, 훈구파(勳舊派)와 그에 맞서 등장한 사림파(士

| 연도 | 주요사건 | 나이 | 거주 | 주요활동 | 입안 기록 | 원림조영 | 창작활동 |
|---|---|---|---|---|---|---|---|
| 1587 | | 1세 | | 한양 연화방 출생 | | | |
| 1592 | 임진왜란 | 6세 | | | | | |
| 1594 | | 8세 | 한양 | 윤유기 양자가 됨 | | | |
| 1597 | 정유재란 | 11세 | / | | | | |
| 1603 | | 17세 | 해남 | 결혼 / 진사초시 합격 | | | |
| 1609 | | 23세 | | 생모 안씨 상 | | | |
| 1612 | | 26세 | | 진사시 합격 / 생부 상 | | | |
| 1616 | | 30세 | 경원 | 이이첨 탄핵 / 함경도 경원으로 유배 | | | |
| 1618 | | 32세 | 기장 | 경상도 기장으로 이배 | | | |
| 1619 | | 33세 | | 양부 윤유기 상 | | | |
| 1623 | 인조반정 | 37세 | 한양 | 의금부도사 임명 | | | |
| 1625 | | 39세 | 해남 | | 백야지 | | |
| 1627 | 정묘호란 | 41세 | | | | | |
| 1628 | | 42세 | | 봉림, 인평대군 사부로 임명 | | | |
| 1629 | | 43세 | | 공조좌랑 임명 | | | |
| 1630 | | 44세 | 한양 | 공조정랑 임명 | | | |
| 1631 | | 45세 | / | 호조정랑, 형조정랑 임명 | | | |
| 1632 | | 46세 | 해남 | 병조정랑, 한성부 서윤 임명 | | | |
| 1633 | | 47세 | | 예조정랑, 관서경시관, 문학, 사헌부 지평 임명 | | | |
| 1634 | | 48세 | 성산 | 성산 현감으로 좌천 | | | |
| 1636 | 병자호란 | 50세 | 해남 | | | | |
| 1637 | | 51세 | 보길도 | | | 보길도 입도(낙서재 건립) | |
| 1638 | | 52세 | 영덕 | 경상도 영덕으로 유배 | | | |
| 1639 | | 53세 | 해남 | | | 수정동 원림 입도(인소정 건립) | |
| 1640 | | 54세 | | | | 금쇄동에서 지냄 | 『금쇄동기』 |
| 1642 | | 56세 | | | 노화도/ 진도 굴포리 (시기미정) | 보길도 입도 | 〈산중신곡〉 |
| 1646 | | 60세 | 보길도 | | | | |
| 1647 | | 61세 | | | | | |
| 1649 | | 63세 | 해남 | | | 금쇄동에서 지냄 | |
| 1650 | | 64세 | 보길도 | | 황원면 무고진 | 보길도 입도(세연정 조성 추정) | |
| 1651 | | 65세 | | | | | 〈어부사시사〉 |
| 1652 | | 66세 | 한양 | 성균관 사예, 동승부지, 예조참의 임명 | | | |
| 1653 | | 67세 | 보길도 | | | 보길도 입도(무민당, 정성당 건립) | |
| 1655 | | 69세 | 해남 | | | 금쇄동에서 지냄 | |
| 1657 | | 71세 | 보길도 | 첨지중추부사 임명(9월) | | 보길도 입도(2월) | |
| 1658 | | 72세 | 한양 | 공조참의 임명 | | | |
| 1659 | | 73세 | | 첨지 임명 | | | |
| 1660 | | 74세 | 삼수 | 함경도 삼수로 유배 | | | 〈예설〉 |
| 1665 | | 79세 | 광양 | 전라도 광양으로 이배 | | | |
| 1667 | | 81세 | 보길도 | | | 보길도 입도(곡수당 건립) | |
| 1671 | | 85세 | | | | 낙서재에서 사망 | |

윤선도 연보

林派)의 치열한 갈등 속에서 사림파의 정치·윤리적 지침서인 『소학(小學)』은 훈구파 공격의 표적이 되었다. 윤선도의 증조부 윤구(1495~?)가 연루된 기묘사화(己卯士禍, 1519년, 중종 14년)로 사림파가 대숙청을 당하면서 『소학』도 금서(禁書)가 되었다. 그러나 17세기에 이르러 사림파가 다시 정치 중심에 서면서 『소학』에 대한 검열도 약화된다.

윤선도는 유학의 정도(正道)를 중시했다. 그 기준이 되었던 책이 바로 『소학』이다. 이 책은 유학의 기본서로 윤선도는 이 책의 가르침을 실천하려고 항상 노력했다. 그가 훗날 예송논쟁의 핵심인물이 되었던 것도 이와 관련이 깊다. 그는 "진실로 사람이 본받을 만한 것이 여기에 두루 다 있다."라고 늘 강조했다.

기묘사화 이후 세상에서 『소학』이 크게 금지되었는데, 그가 옛 책을 구하던 중 이를 찾아보고 심히 기뻐했다. 이르기를 이는 진실로 사람이라면 본받아야 할 전범이라 여기고, 솔선하여 열심히 익히며, 남을 모방하지도 않았다. 매일 6, 7행을 과제로 삼아 백 번 두루 학습하는 것을 과정으로 했다. 혹시 딴 일이 있어도 빠지지 않았으니 『소학』에 대한 그의 독실함이 평생 이와 같았다.
– 『고산연보(孤山年譜)』

그는 『소학』을 반복해서 읽었고, 더불어 가르침을 전하는 것도 소홀하지 않았다. 윤선도가 봉림대군과 인평대군의 스승이 되었을 때도 이 책을 교재로 성인의 도(道)를 가르쳤다. 노년에 삼수 지역에서 유배 생활을 할 때 장남 인미에게 보낸 글 「충헌공 가훈」에서도 '집안의 흥망이 여기에 달려있다'고 언급하며 『소학』의 가르침을 실천할 것을 당부했다.

## 실천적 사고

조선 시대의 사대부들은 전통적으로 성리학적 도(道)를 구현하는 데 집중했지만, 윤선도가 살았던 시대를 전후로 경세치용(經世致用)[03]이 나타나면서 변화가 시작됐다. 경세치용이란 학문이 세상을 다스리는 데에 실질적인 이익을 줄 수 있어야 한다는 유학의 새로운 주장이다. '경세'는 세상을 경륜한다는 말로, 국가사회를 질서 있게 영위하는 정치·경제·사회의 활동을 가리킨다. '치용'은 현실의 문제를 효과적으로 해결하고 성취해가기 위해 적절한 제도와 방법을 갖추고 실천적으로 활용하는 것을 뜻한다.

16~17세기는 실학의 선구자인 김육(1580~1658)과 실학의 창시자인 유형원(1622~1673)이 살았던 시대이며, 중국은 명·청 시대를 지나며 서양문물이 활발하게 소개되던 시기다. 해남 윤씨 가문은 사신단으로 중국을 자주 왕래하면서 새로운 책을 손쉽게 구할 수 있었다.

윤선도는 실학사에서 주요 인물로 언급되고 있지는 않지만, 윤선도가 유학을 기반으로 실천을 중시하였다는 것을 고려하면 경세치용에 영향을 받았다고 보는 것이 타당하다. 윤선도의 증손자인 윤두서(1668~1715) 역시 뛰어난 화가이자 천문·지리·수학·의학·병법 등에 능통한 박학다식한 인물이었는데, 그는 정약용의 외할아버지이기도 했다. 이 때문에 정약용의 실학이 윤두서를 거슬러 윤선도와 그 연원이 닿아 있다고 보기도 한다.[04]

윤선도는 주로 음양오행론(陰陽五行論)을 근간으로 하는 학문을 탐구하였는데, 음양오행론의 '이치'가 아니라 일상생활에 사용되는 '실용'에 대한 관심이 더 많았다. 17세기 성리학은 도학적 이치에서 실천적 차원으로 이동하는 시기이므로 이를 전적으로 윤선도 개인의 특성이라고 볼 수는 없지만, 윤선도가 현실에서의 실천을 중시해 왔다는 점은 눈여겨 볼 만한 부분이다.[05]

실제로 윤선도는 의약, 음양, 천문, 지리 등 다양한 분야에서 전문성을 가지고 있었다. 한 예로 당쟁이 심화되어 윤선도가 은거하던 시절에도 궁중에서 그의 의약 지식이 필요하여 도움을 요청하기도 하였고, 심지어 정적(政敵)이었던 송시열(1607~1689)도 중병을 앓을 때는 윤선도의 약 처방을 따랐을 정도다.

윤선도의 이런 시각은 원림(園林) 조영(造營)에서도 찾아볼 수 있다. 정조가 무학대사(1327~1405)와 견줄 정도로 풍수에 관해 인정했던 윤선도는 효종 승하 후에는 산릉을 정하는 직책을 맡기도 했다.

> 윤선도는 호가 고산인데 세상에서 오늘날의 무학이라고 부른다. 풍수지리의 학문에 대하여 본래 신안(神眼)의 실력을 갖추었다.
>
> – 정조, 『홍제전서(弘濟全書)』 57권[06]

그는 원림의 터를 잡을 때도 풍수형국(風水形局)을 바탕으로 부용동과 금쇄동 원림의 입지를 선정하였다. 각 원림의 공간 조영에서도 풍수상의 허결(虛缺)을 보완하기 위해 비보(裨補, 약하거나 모자란 것을 도와서 보태거나 채우는 것)와 염승(厭勝, 좋지 않은 힘을 누르거나 꺾는 것)의 개념을 담아 공간을 만들었다. 또한 윤선도는 간척지를 만들고 농경지로 개간하는 작업을 하였고, 수리수문(水理水門)에 대한 전문적인 이해도 높았다.

## 현실 도피의 공간, 그리고 이상향의 구축과 향유

당쟁이 격화되고, 정변이 빈번했던 혼란한 시기를 살았던 윤선도는 관직에 있을 때마다 반대 세력들의 시기와 견제로 좌천되기 일쑤여서 마음껏 뜻을 펼치지 못했다. 그의 글에는 혼탁했던 당시 정치에 대한 혐오감과 현실에 대한 부정적 시각이 숨겨져 있다. 이 시기의 사대부들은 어지러운 정치 세계를 떠나 무이정사(武夷精舍)를 짓고 은거한 주자(1130~1200)처럼 유유자적하는 삶을 동경했다.

윤선도는 자연을 최고의 경지로 보았고, 이상적인 물아일체(物我一體)의 환경이라 생각했다. 더불어 인간 세상에서 자신을 격리할 수 있는 은둔의 장소이며, 모든 근심을 털어내고 즐겁게 노닐 수 있는 평온한 장소로 인식했다. 그래서 그는 〈산중신곡(山中新曲)〉, 〈어부사시사〉 등 자연을 소재로 다루는 시조를 즐겼고, 한시(漢詩) 중에서도 자연과 생활상을 표현한 작품을 많이 남겼다. 특히 윤선도가 보길도에서 지은 〈어부사시사〉는 중국 '어부가'의 맥을 이은 작품으로 높이 평가받는다.

'어부가'는 중국 전국시대에 시작되었다. 어부 형상을 통해 미의식과 세계관을 표현하는 일련의 작품들로서, 중국의 전국시대에 굴원의 〈어부〉를 그 기원으로 한다. 여기서 어부 형상은 도원경, 도가적 유토피아로 안내하는 길잡이이다. 어부가의 전통은 도연명의 〈도화원기(桃花源記)〉를 거쳐 동아시아 전체에 두루 유입된다. 당송시대 소식의 〈적벽부(赤壁賦)〉, 주희의 〈무이도가(武夷櫂歌)〉는 우리나라의 어부가에 깊은 영향을 미쳐 사대부 계급의 미의식을 대표하기에 이른다. 고산의 〈어부사시사〉에서도 주희의 시상을 다채롭게 차용하고 있다.

– 고미숙, 『윤선도 평전』[07]

윤선도는 세연정(洗然亭)에서 직접 지은 〈어부사시사〉를 부르며 무희와 아이들의 공연을 즐겼다. 그는 낙서재에서 가마를 타고 세연정까지 이동, 세연지에 배를 띄우고, 시를 읊게 하고 거문고를 연주했다. 무희와 아이들로 하여금 동대, 서대, 옥소암 위에서 춤추게 하고, 연못에 비치는 그림자를 보며 즐거워했다. 그리고 바위에서 낚싯줄을 던지는 퍼포먼스를 보이기도 했다. 그는 부용동 정원을 〈어부사시사〉를 즐기고 재현하는 공간으로 여겼으며, 나아가 부용동 정원을 자신의 이상향인 신선 세계로 만들어갔다. 그는 자신이 처한 현실을 넘어 자연이 주는 감각적인 즐거움을 누리고, 적극적으로 풍류를 즐겼으며, 이를 수양의 한 방편으로 여겼다.

이상향에 대한 윤선도의 동경은 보길도에 정원을 만들기 전부터 이미 잠재되어 있었고, 보길도의 아름다운 풍경을 접하면서 비로소 현실에 실현하는 계기가 되었다고 볼 수 있다.

## 예악을 통한 『소학』의 실천

조선 시대 사대부는 문화에 대한 소양을 기본으로 했다. 윤선도는 특히 음악에 관한 조예가 깊었다. 그는 거문고의 제작과 사용법을 기록한 음악서 『회명정측(悔暝霆側)』을 저술하기도 했으며, 〈오우가〉, 〈어부사시사〉 등과 같은 시조를 짓기도 했다. 윤선도가 한시보다 시조를 즐겨 지은 것은 음악에 대한 관심에서 비롯된다.[08] 오늘날 시조는 문학으로 분류되지만, 당시에 시조는 음율이 있는 노래로 불렸다. 시조의 가창 방식을 '가곡(歌曲) 창'이라 불렀는데, 조선 후기에 이르러서야 가곡 창법과 구분되는 시조 창법이 유행했다. 가곡 창법은 시조 작품을 5장으로 나

세연지와 세연정

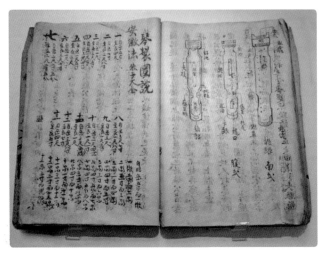

거문고의 제작과 사용에 관한 기록인 『회명정축』

누어 부르고 줄풍류(거문고, 가야금 등의 현악기를 중심으로 하는 연주) 반주를 반드시 곁들였다. 이 때문에 일반적으로 시조 작가는 음악에 대한 조예도 깊어야 했다.

윤위는 『보길도지』에서 "하루도 음악이 없으면 성정을 수양하거나 세간의 걱정을 잊을 수 없다."라고 했을 정도로 윤선도에게 음악은 생활의 중요한 부분이었다고 강조한다. 이는 윤선도가 중시했던 『소학』의 가르침과도 연결된다. 윤선도는 소학의 가르침을 따라 예악(禮樂)을 통한 수련을 중요하게 생각하였고 이를 적극적으로 실천하였다.

『소학』의 가르침은 물 뿌리고 청소하며, 남의 말에 응대함이 예절과 맞으며, 집에 들어와서는 효도하고 나가서는 공손해 행실이 조금도 예의에 어그러짐이 없도록 하는 데에 있다. 이런 일들을 행하고도 남는 힘이 있으면 시를 외우고 책을 읽으며, 노래와 춤을 통해 음악을 배워 생각이 바른 도리에서 벗어나지 않도록 해야 한다.

– 주자, 『소학제사(小學題辭)』

윤선도의 『고산유고』 권5 상권에 있는 조용주에게 보낸 답장을 보면 "세상은 음악이 사람의 마음을 다스리는 줄을 모르고, 단지 환락을 돕는 것으로만 알고있"으며 "화장·관밀·중정의 뜻이 있음을 전혀 알지 못"함을 안타까워했다. 그러면서 『소학』, 『예기』, 『주역』, 『맹자』 등 유학의 명서를 이야기하면서, '관저의 시는 즐거우면서도 음란하지 않고, 슬프면서도 마음을 상하지 않는다(樂而不淫 哀而不傷)'[09]며 '서두르지 않고 방종하지 않은(不急不漫)' 음악을 수용해야 한다고 주장했다. 윤선도에게 음악은 유학의 가르침이며 하나의 수련 방법이었다. 〈어부사시사〉를 통해서 윤선도가 부용동 정원에서 풍경과 음악을 즐겼던 모습을 상상해볼 수 있다.

"맑은 못이나 넓은 호수에서 조각배를 띄우고 즐길 때면 사람들로 하여금 목청을 같이하여 노래 부르게 하고 서로 노를 젓게 한다면 이 또한 하나의 즐거움이 아니겠는가."

– 윤선도, 〈어부사시사〉 발문

지은이가 알려지지 않은 『가장유사(家藏遺事)』와 윤위의 『보길도지』

윤선도가 쓴 책들 (자료: 녹우당 문화예술 재단, http://www.nokwoo.co.kr)

에는 당시 부용동 정원에서 어떤 일들이 이루어졌는지 세세하게 묘사되어 있다.

> "석실이나 세연정에 나가 자연과 벗하며 놀았다. 술과 안주를 충분히 싣고 고산은 그 뒤를 따르는 것이 관례였다. 세연정에 이르면 연못에 조그만 배를 띄워 아름다운 미희들을 줄지어 앉혀놓고 자신이 지은 〈어부사시사〉를 감상하였다. 때로는 정자 위로 악공들을 불러와 풍악을 울리게 하였다."
>
> – 미상, 『가장유사(家藏遺事)』

> "일기가 청화(淸和)하면 반드시 세연정으로 향하였다. 학관(고산의 서자)의 어머니는 오찬을 갖추어 그 뒤를 따랐다. 정자에 당도하면 자제들은 시립(侍立)하고 가희(妓姬)들이 모시는 가운데 못 중앙에 작은 배를 띄웠다. 그리고 남자아이에게 채색 옷을 입혀 배를 일렁이며 돌게 하고, 공이 지은 어부사시사 등의 가사로 완만한 음절에 따라 노래를 부르게 하였다. 당 위에서는 관현악을 연주하게 하

였으며, 여러 명에게 동·서대에서 춤을 추게 하고, 또는 옥소암(玉簫岩)에서 춤을 추게도 하였다. 이렇게 너울너울 춤추는 것은 음절에 맞았거니와, 그 몸놀림을 못 속에 비친 그림자를 통해서도 바라볼 수 있었다. (중략) 이러한 일과는 고산이 아프거나 걱정할 일이 없으면 거른 적이 없었다고 한다. 이는 '하루도 음악이 없으면 성정을 수양하며 세간의 걱정을 잊을 수 없다'는 것이다."

– 윤위, 『보길도지』

윤선도는 소학의 가르침을 중시하여 현실에서의 실천과 예악을 통한 수련을 중요하게 생각하였다. 윤선도에게 예악과 경세치용은 같은 맥락으로 이어져 있다.

## note

01 연화방은 현재의 서울 종로구 연지동(蓮池洞)으로 추정된다. 윤선도는 1991년 11월의 문화 인물로 선정되었다. 이를 기념하며 문화부에서 종로구 연건동에 있는 대학로 마로니에 공원에 윤선도가 지은 오우가(五友歌) 시비(詩碑)를 세워 윤선도 생가의 흔적을 기리고 있다.

02 1차: 1637년(51세) 2월~1638년(52세) 6월 / 2차: 1642년(56세) 잠시거처 / 3차: 1646년(60세)~1648년(62세) / 4차: 1650년(64세)~1652년(66세) 1월 / 5차: 1653년(67세) 2월~1654년(68세) / 6차: 1657년(71세) 2월 ~ 8월 / 7차: 1667년(81세) 9월~1671년(85세) 6월

03 경세치용이라는 용어는 고전문헌에서 사용된 것이라기보다는 주로 근세의 학술용어로서 널리 사용되었고, 특히 청나라 초기나 조선 후기의 이른바 실학파에 관한 설명에서 일반적으로 쓰이고 있다.(출처: 한국민족문화대백과 사전)

04 고미숙, 2013, 윤선도평전, 한겨레출판, 65쪽.

05 장춘석, 2002, 「고산 윤선도의 경세치용에 관한 연구」, 호남문화연구, 30, 113-133쪽.

06 최창조, 2013, 한국풍수인물사, 민음사, 409쪽에서 재인용.

07 고미숙, 2012, 윤선도평전, 한겨레출판, 170쪽.

08 퇴계 이황이 「도산십이곡(陶山十二曲)」 발문에서 "지금의 시(한시)는 읊조릴 수는 있어도 노래 부를 수는 없다. 만약 노래로 부르고자 하면 반드시 이속(俚俗)의 말로 지어야" 한다고 언급한 것처럼 시조는 시보다는 노래의 한 양식에 가깝다.

09 공자, 『논어』 81편 20장.

금쇄동에서 보이는 해남읍 일대의 농경지

# 보길도와 윤선도의 만남

## 보길도의 지형지세와 윤선도 원림 분포

보길도 윤선도 원림은 1992년 1월 21일 사적 제368호로 지정되었고, 현재는 명승 '윤선도 보길도 원림'으로 지정되어 있다. 이곳은 세연정, 동천석실(洞天石室), 낙서재, 곡수당을 중심으로 영역을 나누어 볼 수 있다.

보길도는 완도에서 남쪽으로 32km, 해남 반도의 남쪽 끝에서 12km 떨어져 있는 섬으로, 동서가 12km, 남북이 8km, 면적 3,690ha에 이른다. 섬은 거의 산으로 이루어져 있다. 가장 높은 봉은 남쪽의 격자봉 (430m)이며 그 좌우로 동쪽은 황대봉(311m), 서쪽은 망월봉(364m)이 있다. 북동쪽은 골이 열려 있어서 바다와 이어지며 배가 드나들 수 있다. 이러한 지형으로 보길도는 섬의 내부와 산의 경계가 마치 연꽃 같은 형상을 띤다. 윤선도가 이곳을 '부용동'이라고 이름을 지은 이유다.

부동용의 지세를 살펴보면, 격자봉을 주산(主山)으로 하여 정북방 혈전에 낙서재가 있다. 격자봉 서쪽으로 낭음계(朗吟溪)와 미전(薇田), 석애(石崖), 석전(石田)이 뻗어있어 좌측에서 내룡(內龍)의 지세를 형성

『보길도지』를 토대로 한 부용동 정원의 조성시기

했다. 격자봉에서 북으로 뻗어 낙서재의 오른쪽을 곱게 감싸고 돈 것이
하한대(夏寒臺)이다. 이는 낙서재 쪽에서 볼 때 우측이 되어 백호(白虎)
의 지세를 형성했다. 격자봉과 2㎞쯤 떨어진 거리에 있는 안산은 높이
솟은 세 봉우리로 이루어져 있다. 낭음계에서 흐르는 계류는 3.5㎞쯤
북으로 흘러와 다시 세연정 계원으로 흘러들었다가 바다에 이른다. 또
격자봉에서 북쪽으로 뻗어 내린 산줄기는 세연지 옆 산봉우리까지 와
서 끝나는데 그 산 중턱에 옥소대 바위가 있다.[01]

　　『보길도지』에서의 원림의 입지를 살펴보면, 보길도 저수지를 제외하
면, 산세 및 원림의 입지가 지금과 크게 다르지 않다는 것을 알 수 있다.

보길도와 노화도 사이에 장사도가 있고, 보길대교로 연결되어 있다.

주산(主山)인 격자봉은 높이가 60~70길쯤 된다. 격자봉에서 세 번 꺾어져 정북향(午坐子向)으로 혈전(穴田)이 있는데, 이곳이 낙서재(樂書齋)의 양택(陽宅)이다. 격자봉에서 서쪽을 향해 줄지어 뻗어내려 가는 도중에 낭음계(朗吟溪)·미전(薇田)·석애(石涯)가 있고, 서쪽에서 남쪽, 남쪽에서 동쪽을 향해 구불구불 돌아 안산(案山)이 되어 세 봉우리가 나란히 솟았으며 오른쪽 어깨가 다소 가파르다. … 가운데 봉우리의 허리에는 석실(石室)이 있다. 동쪽 봉우리의 동쪽에는 승룡대(升龍臺)가 있으며, 동쪽 봉우리의 산발치가 외수구(外水口)가 되어 장재도(藏在島)의 오른쪽 기슭과 맞닿는다. … 격자봉에서 오른쪽으로 떨어져 선회하면서 세 갈래로 나뉘어 빙 돌아 북쪽으로 비스듬히 뻗어내려 가다가 낙서재의 동쪽을 평탄하게 감싸 돌며, 승룡대와 마주하고 둥근 모자처럼 우뚝 솟아 있다. 여기에는 훤칠하게 자란 소나무가 여기저기 서 있는데, 이곳이 하한대(夏寒臺)이다. … 하한대 아래는 곡수당(曲水堂)이고, 북쪽은 승룡대의 산기슭과 합하여 내수구(內水口)가 된다. 낭음계에서 흘러온 이 물은 북산(北山) 밑을 돌아 가운데에 연정(蓮亭)이 된다. 다시 하한대의 북쪽을 끼고 비스듬히 흐르다가 동쪽으로 나와 세 연지가 되면서 황원포로 흘러가며 냇물을 따라 골짜기로 들어가는 길이 된다. … 물은 낭음계에서 발원하여 세연지에 이르러서야 평활해졌는데, … 이것이 보길도 경관의 대략이다.

    – 윤위, 『보길도지』


## 보길도 원림의 조성과정

부용동 정원은 단기간에 조성된 것이 아니다. 윤선도가 섬에 들어간 1637년 2월부터 1668년까지 30여 년의 오랜 기간에 걸쳐 만들어졌다. 『보길도지』에 따르면 윤선도는 "처음에는 초가를 짓고 살다가 그 뒤에는 잡목을 베어 거실을 만들었다. 그러나 견고하게만 만들었을 뿐 조각은 하지 않았다."라고 전한다. 금산에서의 행위 제한과 윤위의 기록을 고려하면 윤선도는 처음 보길도에 입도했을 때 초가를 짓고 살다 이후 3칸의 집으로 증축한 것 같다.

동천석실은 낙서재와 거의 같은 시기에 입지를 정한 것으로 보인다. "낙서재 터를 잡던 처음에 안산(案山)을 마주하고 앉아 있다가 한참 뒤에 남여(藍輿)를 타고 곧바로 석실로 향해가서 황무지를 개척했다."라는 『보길도지』의 기록을 보면, 낙서재 터를 먼저 잡고 동천석실의 터를 잡은 것으로 보인다.

세연정을 만든 시기는 정확하지 않다. 윤선도는 1646년부터 1652년 1월까지 부용동에 7년 동안 머물렀는데 이 시기 이전에는 해남 지역의 금쇄동에 8년 동안 머물렀다.[02] 이를 고려하면 세연정이 완공된 시기는 〈어부사시사〉를 지은 64세 이전인 1646~1650년 사이로 추정된다. 곡수당 건립은 그 후인 1668년(82세)의 일이다. 낙서재와 동천석실은 보길도에 입도하면서 바로 조성하였지만, 세연정은 10여 년 후, 곡수당은 이보다 20여 년 후에 오랜 기간에 걸쳐 필요와 쓰임에 맞춰 만들어졌다고 볼 수 있다.

## 1980년대 이후 복원 과정

1980년 이전 보길도의 윤선도 유적 중 건축물들은 모두 소실된 상태였으며 일부 기단석만 남아있었다. 부용동의 건물들은 전부 불에 타서 소실되었다고만 전해진다.

지금까지 보길도 윤선도 원림의 발굴·조사 과정을 정리해보면 다음

세연지와 세연정

과 같다.03 먼저 1980년에 완도군청에서 유산을 보존하기 위해 기초조사를 진행하였다. 이후 1989년(11.16 ～ 11.23) 윤선도 유적의 전체 현황조사를 시작으로 1990년(10.22 ～ 11.6) 국립문화재연구소가 세연정과 동천석실을 본격적으로 발굴·조사하였다.

2002년부터 2007년까지 전남문화재연구소에서 3차에 걸쳐 낙서재 영역, 곡수당 영역, 동천석실 영역을 발굴·조사하였다. 1차(2002.12.17 ～ 2003.3.16) 곡수당지와 동천석실 연못지에 대한 발굴 조사 결과, 곡수당 영역에서는 조선 시대 중기의 건물지(곡수당), 다리 및 연못지 2곳이 확인되었고 동천석실 부근에서도 연못지가 확인되었다.

2차(2004.9.10 ～ 2005.3)는 낙서재와 서재에 대한 발굴·조사가 이루어졌다. 조사 결과 낙서재에서는 건물지 4곳, 담장 등이 확인되었고, 서재부에서는 건물지, 정자, 하천, 다리, 폭포 등이 확인되었다. 낙서재와 서재부가 처음 지어진 시기는 17세기이지만 이후에도 증축과 개축이 이루어졌음을 확인했다.

3차(2006.11.16 ～ 2007.4.28)는 곡수당과 낙서재 부근을 비롯하여 동천석실 주변까지 발굴·조사를 실시하였다. 건물지와 관련된 석렬, 적심, 아궁이 시설과 수로 등이 확인되었고, 발견된 유물은 기와편과 백자편이 주류를 이룬다. 또한 동천석실 주변에서도 윤선도가 기거했던 것으로 추정되는 건물의 자리를 확인하였다.

note

01 정재훈, 2004, 「보길도 부용동 원림」, 열화당.
02 1642년(56세)에 잠시 보길도에 거처했다.
03 유광화, 2014, 「보길도 윤선도 원림의 보전평가에 관한 연구」, 서울시립대학교 석사학위논문, 29~58쪽.

낙서재

# 윤선도 정원에 관한 해석과 오해

## 옛 정원에 대한 연구들

조선 시대의 원림(정원) 공간에 관한 연구는 문학, 역사, 건축, 조경 등 다양한 분야에서 이루어져 왔다. 이들 연구는 정원을 만든 사람의 가치관과 사상, 시대적 배경과 같은 문화적 배경이 투영된 공간으로 보고 있다. 앞선 연구에서[01] 은둔·선비문화, 유가·도가사상 등이 원림 조영 배경에 영향을 미쳤다고 봤으며, 이들이 실제로 공간에 어떻게 반영되었는지를 미학적, 경관적 측면에서 분석하였다.

윤선도 원림에 대한 전통적 관점에서의 연구 또한 주로 이와 같은 맥락에서 이루어져 왔다. 부용동과 금쇄동, 수정동, 문소동은 윤선도가 정치적 좌절과 유배, 친족의 죽음, 병자호란 등과 같은 개인적·시대적 상황을 벗어나 은둔하기 위해 만든 공간으로 보고 있다. 따라서 원림의 입지 선정에서 조영 기법까지 풍수와 도교의 영향을 강하게 받은 것으로 본다.

전통 정원의 복원을 목표로 옛 정원의 특성 및 구성에 관한 연구도 이루어져 왔다. 연구자들은 전통 정원의 공간적 가치를 다음의 세 가지

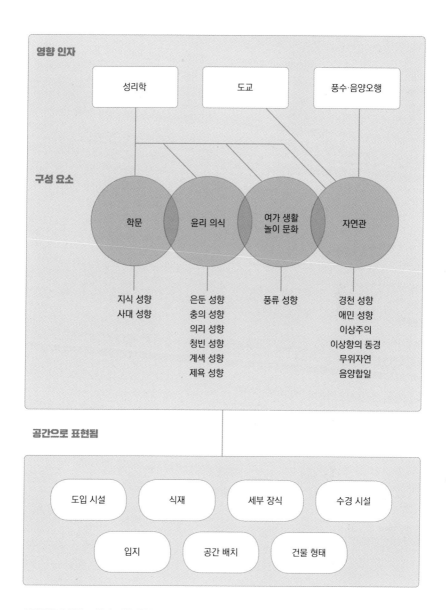

**영향 인자**

성리학  도교  풍수·음양오행

**구성 요소**

학문  윤리 의식  여가 생활 놀이 문화  자연관

지식 성향
사대 성향

은둔 성향
충의 성향
의리 성향
청빈 성향
계색 성향
제욕 성향

풍류 성향

경천 성향
애민 성향
이상주의
이상향의 동경
무위자연
음양합일

**공간으로 표현됨**

도입 시설  식재  세부 장식  수경 시설

입지  공간 배치  건물 형태

선비문화가 원림 조영에 미친 영향 요인과 체계(자료: 양병이 외 2인, 2003, 「선비문화가 조선 시대 별서 정원에 미친 영향에 관한 연구」, 한국정원학회지, 21(1), 13쪽 바탕으로 필자 재작도)

에서 찾고 있다.[02] 첫째, 정원은 도교, 유교와 성리학, 음양오행론, 풍수지리 등 동양사상이 물리적 형태로 표현된 곳이며, 이러한 사상들의 상징적 의미를 담고 있다. 둘째, 후세의 발복(發福)을 기원하는 풍수지리가 정원의 입지를 결정하는 것에서부터 공간구성에 이르기까지 매우 폭넓게 직접 적용된다는 것이다. 셋째, 건축물과 일체화된 외부공간으로서 마당이나 뜰을 '정(庭)', 숲과 물 등의 자연물과 자연 지형을 '원(園)'으로 보고 전통 정원의 형태적 가치를 분석했다.

별서정원의 입지와 공간구성을 구체적으로 분석한 연구도 있다.[03] 별서정원의 입지는 인간의 정주 생활이 이루어지는 장소에서 도보로 이동 가능하며, 산수가 수려한 경승지에 만들어진다고 분석했다. 이후 별서정원의 부지 형상을 결정하는 요소는 1차적으로 정원이 입지한 자연 지형과 지세의 물리적 특성이며, 2차적으로는 정원주(園主)의 경제력과 같은 사회적 배경에 의해 좌우된다고 하였다.


## 윤선도 정원에 대한 연구들

윤선도 원림에 관한 연구는 주로 문학 작품을 중심으로 활발하게 이루어졌다. 윤선도의 대표적인 문학 작품인 〈어부사시사〉, 〈산중신곡〉 등을 중심으로, 작품의 형식과 의미, 미학, 자연관을 분석한 연구가 주를 이루고 있다.

조경학 및 건축 분야에서는 윤선도의 원림관, 원림 조영 기법과 공간분석을 중심으로 연구가 이루어져 왔다. 특히 윤선도의 원림 중 다른 곳에 비해 원림 유적의 원형을 비교적 잘 추정해볼 수 있는 부용동 정원을 위주로 많은 연구가 진행되었다.

유의교와 서재

보길도 윤선도 원림에 관한 연구들은 대부분 윤선도의 조영관 또는 조선 시대 선비문화가 정원조성에 어떠한 영향을 미쳤는지를 분석하며 동시에 공간의 경관 특성에 대해서 밝히고 있다. 그러나 이러한 연구들은 윤선도 정원을 그 시대의 사회경제적 배경과 윤선도의 사회적 활동을 제외하고, 현실과 단절된 단일 원림 자체만을 분석했을 때에만 타당성을 지닌다.

지금부터는 기존의 연구에 나타난 윤선도 정원의 몇 가지 특징을 정리해보려고 한다.

## 풍수길지형 정원

윤선도가 만든 해남 지역의 금쇄동 원림과 보길도의 부용동 원림은 풍수적인 의도가 가장 강하게 적용된 공간이다. 그는 택지 방법으로 지형을 중시하였으며, 원림 자체에도 풍수 사상을 반영했다.

『금쇄동기』에 기록된 금쇄동의 풍수적 의미를 두 가지 측면에서 살펴볼 수 있다. 하나는 계곡 너머 길게 휘감고 있는 병풍산을 거쳐서 멀리 대둔산까지 이어지는 긴 지맥의 흐름을 회룡고조(回龍顧祖)의 형국이라고 해석했다. 다른 하나는 지형적 관점에서 주변보다 높은 지역인 금쇄동의 풍수적 의미가 "비록 만길 위에 북을 향해 있는 곳이나 팔방(八方)의 바람이 들지 않아 비록 천지가 흔들릴 즈음에도 먼지 같은 것이 없는 길지"라는 것이다. 전자가 주변 산세의 흐름에 따라 지형지세 맥락으로 읽어낸 풍수형국이라면, 후자는 풍수적 관점에서 미기후상의 이점을 지닌 명당으로서 장소 해석이라 볼 수 있다.

윤선도 원림의 공간구성을 풍수적 관점에서 살펴보면 부용동 원림

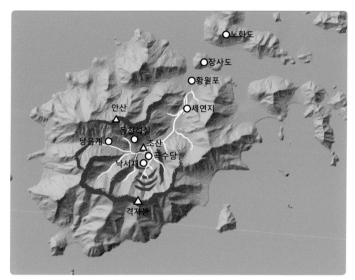

보길도의 연화부수형 풍수형국

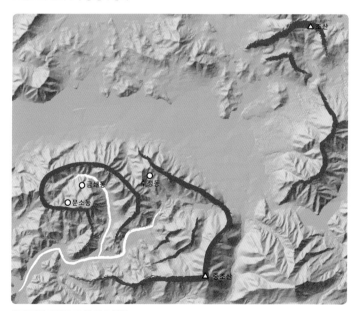

금쇄동의 회룡고조형 풍수형국

은 양택(陽宅) 풍수화 현장으로서 낙서재의 터를 잡고 세연지는 허결의 비보, 동천석실은 염승의 비보 차원에서 조성한 것이다. 세연지를 부용동 정원의 북쪽에 만든 이유를 허결의 비보를 위한 것으로 해석하기도 한다. 풍수에서는 건물에서 일직선으로 흘러나가는 물의 형국을 금하는데, 낙서재에서 바다로 바로 물이 흘러나가는 형국을 방지하기 위해 세연지와 물막이둑을 만들어 물을 잠시 머물게 했다는 것이다.

또한 윤선도의 묘는 음택(陰宅) 풍수의 현장화 공간이며, 금쇄동 원림은 윤선도 묘와 같이 산태극·수태극의 길지이기 때문에 원림으로 조성하였다고 보았다. 그리하여 부용동과 금쇄동 원림은 양택에 의한 현실지향적 공간, 윤선도의 묘가 있는 문소동은 음택에 의한 미래지향적 공간으로 분석할 수 있다.

## 도교적 이상향으로서의 정원

조선조 선비들에게 있어 은둔은 자연에 대한 희구와 현실적 역경이 복합적으로 작용한 결과로 어려운 현실을 피해 세상에서 격리된 명승을 찾아 자연 속에서 유유자적하는 것이었다. 부용동과 금쇄동 권역은 섬과 깊은 산속이라는 지리적 요건으로 인해 세상과 떨어져 있으며 경치역시 뛰어나 은거지의 요건을 잘 갖추고 있다.

부용동은 배를 타고 들어가야 하며, 장사도가 위치하여 입구가 바로 보이지 않는다. 금쇄동도 윤선도가 명명한 좁은 석문을 통해 진입할 수 있으며, 외부에서는 내부가 잘 보이지 않고 내부에서는 외부가 잘 조망되는 은둔적 경관구조이다. 이는 동양적 이상향의 원형이라 할 수 있는 무릉도원의 경관구조와 유사하다.

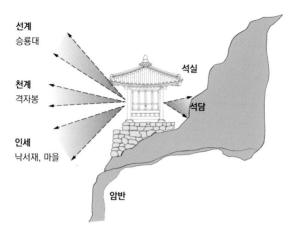

선계
승룡대

천계
격자봉

인세
낙서재, 마을

석실

석담

암반

동천석실의 조망구조(자료: 신종일, 2004, 「보길도 별서건축을 경영한 고산 윤선도의 건축관에 관한 연구」, 건축역사학회지, 39, 33쪽 참고하여 필자 작성)

대부분의 섬은 식수와 농업용수를 구하기 어렵다. 보길도 역시 1980년대 보길저수지가 만들어지기 전까지 물 확보가 어려워 살기에 척박한 곳이었다. 그러나 기존 연구에서 부용동 원림은 분지로 물 확보에 유리하며, 농사를 지을 수 있고, 육지와 적당한 거리에 있어 어느 정도 자급자족할 수 있는 환경을 갖추고 있었다고 주장한다. 이러한 생활의 제약에도 불구하고 윤선도 원림은 도가적 이상향 같은 빼어난 경치를 지니고 있으며, 풍수의 기본적 요건을 잘 갖춘 곳으로 평가된다. 부용동 원림을 도교적 이상향을 현실 세계에 구현하여 은둔하며 자연을 즐기고자 했던 공간으로 보는 이유다.

부용동 원림에서 도교적 영향을 받은 공간은 동천석실로, 부용동이 한눈에 내려다보이는 높은 곳에 이름 그대로 신선이 된 기분을 느낄 수

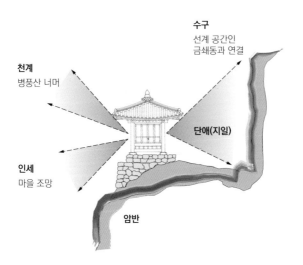

휘수정의 조망구조(자료: 성종상, 2003, 「조경설계에 있어서 '생태-문화' 통합적 접근에 관한 연구」, 서울대학교 박사학위논문, 117쪽 참고하여 필자 작성)

있는 선계 공간으로 조성하였다. 금쇄동 원림 역시 자급자족의 공간으로, 특히 금쇄동의 휘수정은 선계인 금쇄동과 인간세계를 연결하는 조망적 경계 지점으로 해석된다.

윤선도가 추구해 오던 이상향에 대한 동경심은 보길도와 금쇄동의 뛰어난 경치를 접하면서 현실화되었다. 이는 윤선도가 부용동 정원에서 지은 시 등의 작품을 통해서도 살펴볼 수 있다.

부용동에서 지어진 윤선도의 한시에는 대체로 선경(仙境)에서 피세(避世)하여 자적(自適)하는 모습, 자연과의 조화를 통한 유교 질서 유지와 유교 세계에 대한 지향, 절의(節義)를 추구하고 실천코자 애쓰는 자신과의 신의, 자연의 경치를 통한 인간사의 정의 추구, 자연과 인공의 조화로운 경치를 통한 윤선도의 자연관 등이 드러났고, 윤선도는 부용동 일원을 운영하면서 이 내용을 실현해 나갔다.

윤선도는 아름다운 자연에 심취하여 보길도의 부용동에서 〈어부가〉의 동아시아적 전통을 담은 〈어부사시사〉를 노래하며 유토피아적 삶을 꿈꾸었다. 해남에서는 금쇄동과 수정동 사이를 날마다 왕래하고 그 속을 거니는 은자(隱者)의 생활을 실천하였다. 그는 부용동에 세연정, 동천석실, 낙서재, 무민당, 곡수당 등의 건물을 짓고 생활하며 그곳의 자연물에 어울리는 이름을 붙여주는 등 자연과의 친화를 추구했다. 격자봉, 소은병, 구암(龜巖, 귀암), 미산, 낭음계, 혁희대, 혹약암, 오운대 즉사, 조주, 낙서재, 석실, 황원잡영, 희황교 등과 한시에 사용된 이름이 그것들이다. 더불어 윤선도는 부용동 자연과의 친화를 추구하며 스스로를 부용조수(芙蓉釣叟)라 칭하기도 했다.

이를 통해 부용동 정원은 윤선도가 현실과 일정한 거리를 유지하며 자연에 대한 자신만의 상징적 의미를 부여한 공간으로 해석된다. 자신의 이상향인 신선 세계를 현실 세계에 구현하기 위해 정원으로 만들고 향유하였다고 볼 수 있다.

윤선도가 세연정 일대를 향유한 모습은 예악을 통한 소학의 실천이라는 측면보다 유희 공간으로만 와전되어, 현대에는 윤선도가 세연정 일대에서 사치스런 위락 공간을 만들고 향락을 즐겼다고 비난받기도 한다.

## 생태 공간 및 생활 시설로써 수공간

윤선도 원림의 구성요소 중 물은 다양한 형태와 기법으로 사용되고 있

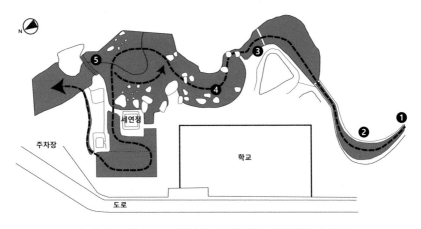

**❶** 샘 **❷** S자형 수로 **❸** 돌출수계 **❹** 자연석으로 연출한 칠암 **❺** 판석보

세연지 물의 유입과 흐름(도면: 국립문화재연구소, 2012, 「원림복원을 위한 전통 공간 조성기법 연구 2차」, 국립문화재연구소를 바탕으로 필자 작도)

으며, 경관연출, 공간구성, 상징체계를 구성하는 핵심이다. 부용동 원림과 금쇄동 원림 권역에서도 물은 연못과 폭포 등의 다양한 형태로 변용되고 있다. 특히 세연정은 자연 속에서 윤선도의 예술세계와 정신을 펼쳐내는 무대로 이용되었다는 점에서 위락 공간이자 예술 활동의 산실로 볼 수 있다. 또한 금쇄동의 지일과 휘수정, 수정암은 폭포를 조성하여 폭포수의 물안개와 소리로 신선의 세계에 몰입할 수 있는 효과 장치로 사용했다고 보고 있다.

윤선도는 예술적, 미학적 공간의 조성을 위해 물을 사용할 뿐 아니라 동시에 기존 수문 체계를 이용하여 수원을 확보하고 저류(貯留)하며, 수량을 조절하는 등의 기능도 병행하도록 조성하였다. 세연지에서

옥소대에서 바라본 세연지와 세연정

물의 흐름을 살펴보면 입수부에 해당하는 수로에서 크게 두 번 방향이 틀어지면서 세연지로 흘러가는데 이는 위 그림과 같이 ①에서 ④까지로 이어지는 S자형의 구간을 형성하고 있어, 세연지 상류부에서 유입되는 수량의 급격한 증가를 최소화하고 유속을 조절하는 기능을 하고 있다.

    윤선도는 수공간을 조성할 때 둘 이상으로 구성된 연못 체계로 조성하여 다양한 수생태계를 확보하고 있다. 기존의 한 연구는 상부 연못이 퇴적과 유속완화를 담당함으로써 하부 연못이 생태·경관적 기능을 원활히 수행할 수 있었다고 분석하고 있다.

    세연지는 물이 부족한 보길도에서 농사를 위한 저수지 역할도 했다는 주장도 있다. 그러나 보길도는 지형이 가팔라 물 저장이 어려웠으며, 세연지는 보길도에서도 해안가의 낮은 지대에 위치하고 있어 보길도의 중간 높이에 위치한 밭으로 물을 끌어올리기도 어려웠다. 실제로 현대에 접어들어 보길저수지가 만들어지며 밭농사를 짓기 시작하였다. 그러므로 세연지를 농업용수로 활용했다는 주장은 타당하지 않다.

## 자연 미학적 이상향으로서의 정원

도교적 이상향을 실현하기 위해 부용동 원림은 바다의 섬에, 금쇄동 원림은 깊은 산 중에 조영되었다. 또한 경관구조는 외부에서 접근할 때 내부가 잘 보이지 않는 전형적인 동양적 이상향의 구조를 보이며, 내부의 정자, 대와 같은 곳에서는 입구와 외부의 경치를 볼 수 있도록 구성되어 있다.

풍수에 능한 윤선도였기 때문에 섬과 깊은 산속에 원림을 만들 때도 풍수적으로 뛰어난 곳을 선택하였으며, 부용동 원림을 만들 때 풍수적 허결을 보완할 수 있는 지점에 동천석실과 세연정을 배치하였다고 보인다. 또한 윤선도 원림은 뛰어난 경관미를 보이기도 하는데, 이는 윤선도의 예술적 취향에 의한 것이다. 그의 문학작품에는 이러한 원림의 자연미가 잘 묘사되어 있다.

## 윤선도가 정원을 만든 또 다른 이유

윤선도가 만든 원림은 풍수 길지에 조영된 도교적 이상향을 생태적, 경관적으로 아름답게 조영한 원림, 즉 자연 미학적 이상향 공간으로 볼 수 있다. 그러나 도교적 이상향의 조건인 일정 수준의 자급자족 생활에 대한 객관적 근거 및 설명은 부족하다.

또한 윤선도는 많은 원림을 만들었으며, 특히 그중 매우 근접한 거리에 있는 수정동, 금쇄동, 문소동 원림을 조성했다는 점에 주목할 필요가 있다. 윤선도가 해남과 보길도 일원에 많은 원림을 조영한 이유는 쉽게 설명되지 않는 부분이 있다.

이후 다루어질 16~17세기 토지제도를 고려하면, 공유지인 산림천택에 정원과 같은 사적 공간이 만들어질 수 있었는지에 대한 의문이 생긴다. 특히 원림을 금산에 만든 점은 조선 후기 토지 제도 및 사회적 인식과 부합되지 않는다. 따라서 윤선도가 원림을 섬과 깊은 산 속에 조영할 수 있었던 이유를 살펴볼 필요가 있다. 그리고 윤선도의 원림 조영 목적을 은거라고 보고 있지만, 짧은 기간 다수의 원림을 조영하여 동시에 경영한 점과 지속적으로 간척지 개간 등의 경제 활동을 했다는 점에서 원림의 조영을 다른 측면에서 해석해 볼 필요가 있다.

**note**

01 성종상, 2012, 「한국전통 정원에 구현된 풍수미학 연구」, 한국전통조경학회, 30(4), 73쪽.

02 최원석, 2012, 「보길도 윤선도 원림의 풍수경관과 세계유산적 가치」, 남도문화연구, 22, 254쪽.

03 문영오는 「금쇄동기」에 대해 풍수 이론을 씨줄로, 풍광 묘사를 날줄로 엮은 작품으로 해석하고 있다.(문영오, 1998, 「고산문학의 풍수사상 현장화 양태 고구」, 국어국문학회지, 121, 130쪽)

04 윤선도, 「금쇄동기」

05 성종상, 2012, 앞의 논문, 74쪽.

06 문영오, 1998, 앞의 논문, 113-138쪽. 이후 성종상, 최원석 등의 많은 연구자들은 윤선도 원림에 대한 풍수학적 해석은 문영오의 의견과 맥을 같이하고 있다.

07 문영오, 1998, 앞의 논문, 122-123쪽.

08 위의 논문, 113-138쪽.

09 성종상, 2003, 「조경설계에 있어서 '생태-문화' 통합적 접근에 관한 연구-고산 윤선도 원림을 중심으로」, 서울대학교 박사학위논문, 96쪽.

10 위의 논문, 97-98쪽.

11 정재훈, 1996, 「한국전통의 원」, 도서출판 조경.

12 성종상, 2003, 앞의 논문, 117쪽.

13 이승희·김한배, 2014, 「문화경관 개념으로 본 윤선도 부용동 정원의 가치」, 한국경관학회지 6(2), 61-63쪽.

14 성종상, 2005, 「고산 윤선도 원림의 생태적 수경연출기법」, 환경논총, 43, 270-271쪽.

15 위의 논문, 278쪽.

16 국립문화재연구소, 2012, 「원림복원을 위한 전통 공간 조성기법 연구 2차」, 국립문화재연구소, 38쪽.

17 앞의 책, 43쪽.

18 성종상, 2005, 앞의 논문, 270-271쪽.

19 정동오, 1977, 「윤선도의 부용동 원림에 관한 연구」, 「고산연구」1. 269-394쪽. / 김동열·천득염, 2008, 「보길도 동천석실 영역의 복원적 고찰」, 건축역사연구, 17(4), 113-127쪽. / 신종일, 2004, 「보길도 별서 건축을 경영한 고산 윤선도의 건축관에 관한 연구」, 건축역사연구, 13(3), 21-36쪽./ 김영필, 2010, 「보길 도 윤선도 유적에 관한 건축적 고찰」, 건축역사연구, 19(1), 7-26쪽. 등 다수의 연구가 이루어져 왔다.

20 이안진, 2005, 「고산 윤선도의 조경관과 정원의 조성특성에 관한 연구」, 서울시립대학교 석사학위논문.

21 양병이 외 2인, 2003, 「선비문화가 조선 시대 별서정원에 미친 영향에 관한 연구-보길도원림, 소쇄원, 남 간정사, 다산초당을 중심으로」, 한국전통조경학회지, 21(1), 9-20쪽.

22 성종상, 2003, 「조경설계에 있어서 '생태-문화' 통합적 접근에 관한 연구: 고산 윤선도 원림을 중심으 로」, 서울대학교 박사학위논문. / 2012, 「한국전통 정원에 구현된 풍수미학연구: 고산 윤선도 원림을 중 심으로」, 한국전통조경학회지, 30(4), 70-80쪽. / 2012, 「정원에서의 걷기 소고: 금쇄동, 졸정원, 뤄삼 가든 비교」, 환경논총, 51, 73-95쪽. / 2005, 「고산 윤선도 원림의 생태적 수경연출기법」, 환경논총, 43, 269-280쪽. / 유가현·성종상, 2009, 「윤선도의 고산별서 입지에 관한 연구」, 한국전통조경학회지, 27(1), 11-19쪽. 외 다수의 논저가 있다.

23 문영오, 1998, 앞의 논문, 113-138쪽.

소은병에서 보이는 낙서재와 건너편 동천석실

# 정책과 개발 사이

# 조선 시대 국토정책

## 조선 시대의 토지제도

현재 대한민국 민법에는 공동소유를 공유(공동소유), 합유(여러 사람이 구성한 단체의 소유, 성원 전원의 합의에 의해 권리가 행사되는 형태), 총유(법인격 없는 사단이 소유하고 사용·수익은 각자의 구성원에게 귀속되는 형태)로 규정하고 있다. 이에 따라 우리나라의 산림, 간척지 등의 토지는 국공유지, 사유지 등으로 토지 소유의 주체가 확실하다.

그러나 19세기 이전에는 지금과 달리 산림천택(山林川澤) 토지는 소유권 또는 사용권에 의해 확보되는 것이 아니었다. 산림천택이란 단순하게 산과 임야, 내와 못이라는 문자 그대로의 지시 대상을 넘어 바다, 갯벌 등을 포함한 농경지 이외의 여러 형태로 직접 산출물을 낳는 대지를 총칭한다.[01] 19세기 이전까지 토지 중 산림천택은 '여민공지(與民[02]共地)'의 이념에 의한 일종의 공유지(公有地)로서 사적인 점유가 불가능한 토지였다. 조선 사회는 조선 초기에 산림천택의 사점 금지를 법제화하여 산림천택을 공유지적 성격의 토지로 묶어 두었다. 그러나 16세기 중반부터 산림천택의 사적 점유가 심화되었고, 17~18세기에는 사회지배

층[03]에 의한 산림천택의 분할이 주요한 사회문제로 대두되었다.[04]

## 10~18세기 토지 개간 관련 제도와 사회적 인식

산림천택을 분할 받는 방법은 크게 3가지이다. 국왕의 '사패(賜牌)', 지방 수령 또는 백성의 '입안(立案)' 그리고 분산(墳山)·분묘(墳墓)의 '금양(禁養, 산에 묘를 쓰고, 그 일대의 산림을 보호·감독하는 것)'을 통해 사적 관리, 개발이 가능했다.

사패는 공신(功臣), 척신(戚臣) 등 한정된 계층에 한한 것이었다. 사패지의 경우 '구릉을 포함하고 벌판까지 뻗쳐 모두 내(지급 받은 이) 땅[05]'이라고 정했다. 주로 개간이 안 된 산림천택 등의 토지가 사패지로 건국공신(建國功臣) 등의 공신에게 지급되었다. 정약용의 기록에 따르면, 사패지는 그 규모가 상당하였고 미개간지 상태로 방치하더라도 권리를 유지할 수 있었던 것으로 보아 산림천택의 분할 방식 중 가장 위력적이었다.[06]

양반이 산림천택을 분점(分店)하는 가장 일반적인 방식은 입안과 분산의 금양이었다. 본래 입안이란 '입안지법은 민으로 하여금 무주진처(無主陳處)를 관에 고하여 경식(耕植)하도록 한 것에 불과하다'[07]라고 한데서 보듯이 개간을 위해서 미리 허가를 받는 일종의 '임시적인 개간권'에 불과하였다. 따라서 개간이 실제로 이루어져야 소유로 전환되며, 입안 후 3년 이내에 개간하지 않으면 그 권리가 소멸된다고 법으로 명시되어 있었다.[08]

그러나 실제로는 입안을 한 번 받으면 배타적으로 소유하는 상황이 전개되었다. 양반들은 개간하지 않고도 몇백 년 동안 소유권을 행사하는 경우가 빈번했다. 하지만 임시적 허가권의 성격이 강한 입안은 차후의 소유권 분쟁의 원인이 되기도 하는 등 많은 문제점을 유발하기도 하였다.[09] 입안에 의한 소유권 인식이 실제 법과 달랐기 때문에, 실제 개간을 한 양민들과의 다툼으로 인한 송사(訟事)가 빈번하게 발생하였다.

입안에 대한 양반들의 일반적 인식은 윤선도가 다른 양반을 대신하여 상주목의 수령에게 올린 청원서(請願書) 내용의 일부를 통해서 살펴볼 수 있다.

> 경작할 수 있는 육지나 쩍쩍 갈라진 소금밭이라고 말할 만한 곳, 산록으로 땔나무를 할 수 있는 곳을 사람들이 입안으로 선점하는 일이 있으면 다른 사람들이 감히 빼앗으려 다투지 않는데, 선조가 묻혀 있는 산이 어찌 밭이나 땔나무하는 곳보다 가벼우며 불을 금지하고 나무를 기르는 것이 어찌 한 장의 입안을 발급하는 것보다 못한 것이겠습니까
>
> ─ 윤선도, 『고산유고』

위의 청원서에서 윤선도는 육지의 개간할만한 곳과 해택(海澤)의 제언(堤堰)을 쌓을 만한 곳, 산록(山麓)의 땔나무를 할 만한 곳이 모두 입안을 낼 수 있는 대상이라고 말하였다. 그는 이런 곳을 누군가 입안을 내어 선점하면 다른 사람은 다툴 수 없는 것으로 인식하였다. 이 소장을 낸 목적은 분묘의 금양으로 말미암은 권리를 보장해달라고 요청하는 것이었지만, 내용을 통해 지배계층에게 입안은 '산림천택에 대한 배타적 권리획득'이라는 인식이 일반적인 것임을 알 수 있다.

이 때문에 지배계층은 입안 방식을 애용하였다. 특히 지방 양반들

은 주로 입안을 통해서 산림천택을 사점하였다. 입안 대상지도 개간 대상지에 한정되지 않고, 시장(柴場)·어장(漁場)·염장(鹽藏) 등에까지 미쳤다. 정약용 또한 입안의 대상에 '거친 산, 첩첩 봉우리'와 함께 '먼 갯벌, 작은 섬'을 꼽았다. 당시 양반층은 개간 대상지와 시장 등을 주로 입안했고, 어전, 염분, 섬 등의 사점은 조선 후기 산림천택의 사점에 관한 정부 정책이 나오면서 큰 비중을 차지하지 못했다. 그렇지만 해남 윤씨 가문과 같이 권세 있고 먼 지방에 세거지(世居地)가 있는 사족(士族)들은 어장, 염분 등의 경제적 가치가 높은 섬과 연해 지역에 지배권을 행사했던 것이 현실이었다.

## 16~18세기 산림제도와 관리권의 획득

산림천택은 기본적으로 공유지의 속성을 지니고 있었기 때문에, 조선이 그 점유를 완전히 금한 것은 아니었다. 특히 산림은 조선 초기에는 선영(先塋)을 수호한다는 명분이면 무단 점유가 어느 정도 용인되었다.

그러나 금산(禁山)으로 나라에서 보호·관리하는 곳은 점유가 금지되었다. 금산으로 지정된 곳은 ① 서울의 경관, 비보를 위한 도성 내외의 금산, 조선재목(造船材木) 등의 소나무 수용을 위한 금산, ② 국가의 군사훈련과 국왕의 수렵을 위한 곳, ③ 국가 기관의 땔감 조달을 위한 산, ④ 말을 방목하기 위한 목장 등이다. 금산으로 지정된 곳에서 소나무를 작벌하는 자와 이를 감독하지 못하는 자를 처벌하고, 불을 놓는 것을 금지하라는 조항이 『경국대전(經國大典)』에 실려 있다.[10]

금산을 제외한 지역은 이용의 명목을 제한하여 분묘 주변에 한하여 점유(占有)를 인정해주었다. 『경국대전』 예전(禮典)에서 이와 관련하여

금산의 경계를 표시한 강원도 사금산 금표(사진: 강원도청, 2018)

관품을 기준으로 보수(步數)를 규정하였다. 품계에 따라 보수를 규정하고, 보수 내에서는 다른 사람이 분묘를 쓰거나 경작하는 것이 금지되었다. 조선 시대에 조상숭배라는 명분은 전 사회계층이 공감하는 문화였기 때문에 중앙정부도 사족층의 사회적 지위를 존중한다는 차원에서 분묘의 금양을 인정하는 것이 불가피한 측면이 있었다.[11]

조선 시대에는 묘지와 관련하여 일정한 구역의 산지에 대해 다른 사람의 경작, 방양, 분묘를 금지할 수 있는 권리를 인정하였다. 그 권리는 그러한 금지를 통해서 산지의 나무들을 보호 관리한다 하여 '금양(禁養)'이라고 불리게 되었고, 관리 측면에서 나무(소나무, 榮草)를 처분할 수 있는 권리까지 포함되었다. 강원도 송양산(私養山, 나무나 풀 따위를 베지 못하게 하면서 사사로이 가꾸던 사유지인 산)의 경우가 그 나무의 발매권을 소유주가 갖는 것으로 인정된 사례이다. 관용 목재를 조달하

는 외도고(外都庫) 등은 송양산에서 돈을 주고 나무를 작벌해서 중앙 아문(衙門)에 조달하였다.[12]

그러나 16세기 이후 법에서 인정한 범위를 넘어선 점유가 행해지기 시작하였고, 17세기에 들어 이러한 풍조는 더욱 심화되었다. 대지(垈地) 와 분묘를 통해 주변을 광점(廣占)하는 사례가 빈번해졌다.[13] 당시 유행한 풍수설은 산림 광점의 욕구를 가진 사람들에게 좋은 명분을 제공하였고 산림 광점이 사회적으로 공인되도록 하는데 주요한 역할을 하였다. 풍수설은 묘지의 기맥에 주변의 산림이 영향을 미친다고 설명하였는데, 묘지로 이어지는 산을 내룡이라 하고 그 묘지 좌우의 산줄기를 청룡, 백호라 하여 이들 산림이 묘지와 긴밀히 연결된 것으로 파악하였다. 심지어 청룡과 백호 바깥의 산줄기까지도 외청룡, 외백호라고 하여 묘지와 관련시켰다. 풍수설의 유행은 본래 산지의 점유를 인정받았던 사람은 물론이고 보수 규정이 되지 않았던 일반 양반들도 묘지 주변 일정 범위의 산림을 금양할 수 있다는 사회적 인식이 형성되게 하였다.[14]

17세기 중엽 윤선도가 작성한 청원서의 내용을 통해서도 사족들이 선산 점유의 정당성을 획득하는 논리를 읽을 수 있다.

무릇 사람들의 선영(先塋)은 피장자 위품의 고하를 가지고 보수(步數)의 원근을 정하였습니다. 이것은 법률의 개략적인 내용입니다. 그런데 용호(龍虎) 이내 금화(禁火)의 곳에 보수의 원근(遠近)을 막론하고 왕가(主家)가 이곳을 감히 다른 사람과 더불지 않고 타인이 감히 규점하지 않았습니다. 이것은 곧 사대부가의 상규(常規)이니, 비록 법전에는 실려 있지는 않지만 국인(國人)이 비난하지 않는 것이며 국법이 금하지 않는 것입니다. (중략) 선조가 묻혀 있는 산이 어찌 밭이나 땔나

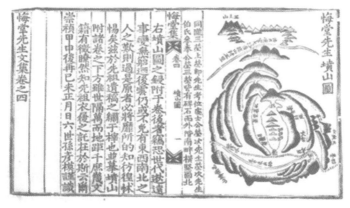

조선 시대 산도

무하는 곳보다 가벼우며, 불을 방지하고 나무를 기르는 것이 어찌 한 장의 입안을 발급하는 것보다 못한 것이겠습니까? 그렇다면 용호 내의 금화처(禁火處)를 자기 것으로 삼고 다른 사람에게 허여(許與)하지 않는 것도 이미 법전에 실려 있는 것이니, 애초부터 법 밖에 있는 것은 결코 아닙니다.

－윤선도, 『고산유고』

숙종 2년(1676) 3월, 이와 같은 현실을 인정하여 분묘를 둘러싸고 있는 좌청룡우백호(左靑龍右白虎)의 사산국내(四山局內)의 수호(守護)를 다음과 같이 법적으로 공인하였다.

사대부의 묘산 내 용호(龍虎) 안의 양산(養山)하는 곳은 타인의 입장을 허용치 마라. 용처 외이면 비록 양산이라고 하여도 임의로 광점함을 허용하지 못한다.

－『숙종실록』 숙종 2년 3월 4일조[15]

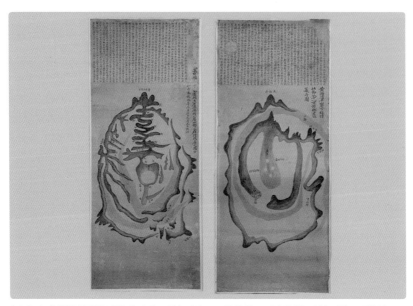

〈명당도〉, 춘천에 위치한 평산 신씨 시조 신숭겸의 묘소와 황해도 평산에 있는 신숭겸의 11세손의 묘소 그림(자료: 민족소식, 2018.09.05. https://webzine.nfm.go.kr)

이렇게 선영경관을 조성하는 일은 법적 근거를 획득하게 되었고, 점차 그 시대 양반의 필수조건으로 인식되었다.[16]

분묘의 금양(禁養)은 조상숭배를 위해 선영경관을 조성한다는 측면에서 조선 시대 양반의 중요한 의무였지만, 경제적 이득을 가져다주기도 하여 양반들은 이 권리를 획득하기 위해 노력하였다. 산소 둘레에 심는 소나무, 가래나무와 같은 나무들을 통칭하여 송추(松楸)라 한다. 봉분, 묘표, 송추는 선영을 조성하기 위한 필수적인 구성요소로 여겨졌는데, 이들의 총합을 선영경관으로 볼 수 있다.[17] 이렇게 분묘의 금양으로 획득한 권리는 사산국내에 있는 송추에 대한 독점권뿐 아니라 그 국내

에서 획득 가능한 땔감, 숯 등에 대한 모든 이권까지 포함한다.[18]

그러나 입안, 분묘의 금양으로 획득한 권리는 영구불변하는 것이 아니었다. 입안을 받은 땅을 다른 사람이 경작하거나, 매매(賣買)하거나, 묘를 쓴 곳에 다른 사람이 분묘를 쓰거나, 벌채(伐採)하는 행위를 현실적으로 저지해 낼 때만 권리가 인정되었기 때문이다. 산림천택 분할로 인한 권리획득의 성패는 입안과 분묘의 금양을 통해 확보한 권리를 계속 지켜내는 데 달려있었다. 이를 통해 선영경관을 지키면서 실질적인 경제적 이익까지 획득할 수 있었다.

## note

01 정약용, 『경세유표(經世遺表)』 2권
02 국가공동체나 국왕의 관점에서 지배 대상인 일반 백성을 지칭한다.
03 궁방, 아문, 권귀, 사대부, 품관, 향리 등의 계층을 지칭한다.
04 김선경, 2000, 「17~18세기 양반층의 산림천택 사점과 운영」, 역사연구, 7, 11쪽.
05 정약용, 『역주 목민심서』 5권, 105쪽.
06 김선경, 1999, 「조선후기 산림천택 사점에 관한 연구」, 경희대학교 박사학위논문, 138쪽.
07 『비변사등록(備邊司謄錄)』 효종 5년 6월 20일.
08 『속대전(續大典)』 호전 전택.
09 문숙자, 2001, 「퇴계학파의 경제적 기반 : 재산형성과 소유 규모를 중심으로」, 정신문화연구, 24(4), 79-80쪽.
10 『경국대전(經國大典)』
11 김혁, 2007, 「19세기 사족층의 선영경관 조성과 그 의미」, 퇴계학과 유교문화, 40, 333쪽.
12 『비변사등록』, 영조32년 4월 14일
13 김선경, 1994, 「조선전기 산림제도-조선국가의 산림정책과 인민지배」, 국사관논총, 56, 87-126쪽.
14 김선경, 1999, 앞의 논문, 142쪽.
15 이후 영조대의 『속대전』에 재수록되었다.
16 김혁, 2007, 앞의 논문, 339쪽.
17 선영경관은 문화적 경관의 일종으로서 경관을 각 요소 별로 분리하여 취급할 수 없으므로 이 모두를 하나의 경관으로 보고 사용한 의미이다. (김혁, 2007, 위의 논문, 335쪽.)
18 위의 논문, 341-342쪽.

# 양반의 경제활동

### 윤선도의 뿌리

해남 윤씨 가문이 본관을 해남으로 정하고 사족(士族)의 길을 가게 된
것은 어초은공(漁樵隱公) 윤효정 때부터이다. 윤효정은 해남 정씨의 딸
과 결혼하였고, 이후 경제적 기반을 갖추게 되었다. 그 시기는 균분상
속[01]이 유지되고 있었고, 거부였던 해남 정씨 가문의 딸이 많은 재산을
상속받았기 때문이다. 해남 윤씨 가문은 입향(入鄕) 초기부터 처가인
해남 정씨 가문의 사회적 영향력과 경제력을 바탕으로 해남 지역 내에
서의 입지를 안정적으로 다져왔다.[02] 정치·사회적으로 높은 위상을 지니
기도 했지만 경작지 확장을 통한 경제력을 가지고 일대를 경영해왔다는
점에 주목해볼 필요가 있다. 이후 18세기 중반까지 중앙 관직 생활을
하면서 해남 일대를 중심으로 토지를 확장하여 국부(國富)라 불릴 정도
의 막강한 경제력을 지니게 되었다.

### 간척과 토지 개간

조선조의 개간은 산림지, 황무지, 소택지, 해안의 갯벌 등 다양한 곳에

백포리 간척지

윤두서의 백포리 별서

서 행해졌다. 해남 윤씨 가문의 토지 확장도 주로 토지의 매입과 간척지 개간을 통해 이루어졌으며, 해남 일대에 넓은 경작지를 소유하게 되었다. 윤선도 시대에도 간척사업을 통해 많은 토지를 확충하였다. 가문의 전장(田莊)인 노화도 석중리, 진도 굴포리, 해남 현산면 백포리 등이 모두 윤선도의 대에 간척사업을 통해 개간되었다.

특히 해남 현산면 백포리 일대의 '백야지(白也地)'라 불리는 백포 전장은 가장 큰 규모의 간척지였다. 이곳은 윤씨 가문의 간척지 중에서도 가장 이른 시기인 1753년(선조 6년)에 입안되었다. 백포리는 다른 자손에게 분배되지 않고 윤선도·윤인미·윤이석·윤두서로 이어지는 종가에만 상속되었다. 윤두서의 분재(分財) 문서를 통해서도 백포 지역 토지를 종가 소유로 관리할 것을 규정하고 있다.[03] 백포리는 보길도와 더불어 선재장양처(船材長養處)로서 산림자원이 풍부했으며, 윤씨 가문이 주로 이용하는 포구가 있었다. 백포만 위쪽으로는 해창만이 자리하고 있는데 그 내륙에 있는 어성포는 윤선도가 종택인 녹우당 사랑채를 수원에서 해체하여 해로를 통해 옮겨올 때 사용했던 포구다.

조선 후기 『호구총수』에 의하면, 화산면 연곡리에 있는 조운창[04]을 10리 정도 옮겨 이 마을에 만들면서 신해창이라는 지명이 생겼고 이후 해창이라 불린 것이라고 한다.

어성포는 윤씨 가문에서 해로를 최단거리로 이용할 수 있는 포구로 해로를 자주 이용했던 당시 중요한 교통 거점이었다. 가문의 정계 진출이 활발했기 때문에, 수도에서의 생활을 지원할 자원도 필요했다. 포구와 가까운 백포만에서 획득한 농작물은 어성포를 통해 한양으로 빠르게 수송되었으며, 근거리의 녹우당으로도 손쉽게 운반할 수 있었다.

해창만과 어성포구 위치(자료: 윤이후 지음, 하영휘 외 역, 2021, 『윤이후의 지암일기』 참고)

해창만 옛 전경, 1988년 고천암 방조제 완성으로 뱃길이 막혀 현재는 포구의 기능은 사라졌다.
(자료: 해창주조장, 시기 미상)

백포리 간척지 전경

윤선도는 단순히 경제적 지배력만을 키워나가지는 않았다. 진도 지역 간척의 경우 농사를 지을 땅이
없어 굶주리는 주민들을 위해 약 60만 평의 간척지를 조성했다. 간척사업은 굴포, 신동, 광양 등
그가 머무는 곳이면 여지없이 진행됐고, 간척 후 농토의 일부를 주민에게 돌려줘 실질적인 생활고를
해결케 하는 등 뛰어난 처세술과 존경받는 경영인으로서의 덕망도 갖췄다.

## 백성들과 함께한 간척

해남 윤씨 가문은 일차적으로는 부의 증대를 위해 간척지를 개간하여 농토를 확충했다. 진도 굴포리의 간척지는 윤선도 때까지 약 200정보(町步, 약 60만 평) 가량의 간척이 이루어졌다.[05] 당시 진도에 유배되어 있던 이경여(1588~1657)와 윤선도가 주고받은 서신에 이 내용이 기록되어 있는데 이즈음에 진도에 머물며 간척을 한 것으로 추정된다.[06]

진도 지역 간척의 목적은 가문의 전장 획득뿐 아니라 농토가 없어 굶주림에 시달리는 주민들을 구제하기 위해서였다고 한다. 실제로 간척 후 농지의 일부를 주민에게 나눠주었다. 진도 굴포에는 지금도 윤선도의 간척을 기념하는 굴포신당유적비(屈浦神堂遺蹟碑)가 세워져 있다. 1986년 음력 4월 18일에는 신당을 재건하고 신당유적비와 장승이 세워졌다. 또한 고산윤공선도선생사적비(孤山尹公善道先生史蹟碑)는 굴포, 신동, 남선, 백동 주민 일동이 1991년 4월 6일 건립한 것이다. 마을 사람들은 오늘날까지도 윤선도의 유업을 기리어 정월 대보름이면 이곳에서 제를 올리고 있다.

이곳을 간척할 때 제방(원둑)이 계속 무너졌는데 윤선도가 꿈에서 본 자리에 제방을 쌓았더니 무너지지 않았다는 이야기가 전해져온다.[07] 윤선도가 그곳의 지형이나 조류의 흐름을 이용하여 제방을 쌓았던 성공담이 설화로 남은 것 같다.

굴포리 제방을 쌓기 위해 온갖 노력을 기울였으나 그때마다 무너지고 쌓으면 또다시 무너지는 일이 반복되었다. 이로 인해 깊은 시름에 빠져 있었는데 어느 날 제방을 쌓고 있는 곳으로 큰 구렁이가 기어가고 있는 꿈을 꾸게 되었다. 이를 기이

고산윤공선도선생사적비는 굴포, 신동, 남선, 백동 주민들이 건립했다.
(자료 : 녹우당 문화예술 재단, http://www.nokwoo.co.kr)

하게 여긴 고산이 새벽녘 사립문을 열고 나가 제방을 쌓는 곳을 보니 꿈에 보았던 구렁이가 기어가던 자리에 하얗게 서리가 내려있었다. 고산은 구렁이가 지나간 자리에 제방을 쌓으라는 것이구나 하고 생각하여 그곳에 뱀의 지나간 형상대로 석축을 쌓도록 하였는데 그 이후부터는 둑이 무너지지 않게 되었다.

– 정윤섭, 『녹우당』

윤선도는 광양 삼수에서 유배 생활 중에도 광양 일대에 간척지를 개간하였다. 간척지 개간에는 많은 인력이 동원되는데, 간척사업을 통해 일대 백성들은 생활고를 해결할 수 있었다. 또한 개간 후에는 땅을 경작하게 함으로써 지역 주민들에게 기본적인 생활 대책을 마련해주는 일이기도 했다.

## 서남해안 도서경영

해남 윤씨 가문에서 섬 지역에 입안을 받은 목적은 간척지를 개간하여 농경지를 획득하고자 한 점도 있었지만, 도서 지역은 특산물을 획득하려는 목적이 더 컸다. 조선 시대에는 미역, 전복, 소금 등이 도서 지역에서 생산되는 귀한 특산품이었는데 이는 주로 갯벌이 잘 발달한 연해 지역과 섬 지역에서 얻을 수 있었기 때문에 서남해 연안의 어장이나 염분은 사대부가에서 사점하고 있는 경우가 많았다.

특히 미역은 소금만큼이나 비싸고 귀한 것으로 여겨졌다. 따라서 어종이 풍부하고 미역 채취가 가능한 맹골도는 서남해안에서 가장 먼 거리에 있는 섬이지만, 어전·어선·염분세를 통해 도장을 경영하는데 드는 수고와 비용을 감수해도 좋을 만큼 충분한 경제적 가치를 가지고 있었기 때문에,[08] 윤씨 가문은 이 섬에 대한 소유권을 유지하려 노력하였다.

1910년 〈맹골도 어업면허 어장도〉에는 맹골도의 물고기를 잡기 위해 그물을 두르고 위치를 고정시킨 어망의 매매가 기록되어 있는데, 이를 통해 조선 후기까지도 윤씨 가문이 섬을 경영하고 있었음을 파악할 수 있다.

조선 시대에 선박은 어촌의 중요한 생산수단이었기 때문에 선척(船隻)을 지어 선세(船稅)를 받는 것도 도서경영에서 경제적 이득을 얻는 방법이었다. 윤씨 가문의 문서[09]를 통해 이들이 선척의 매매와 대여를 통해서도 수세를 받아왔음을 알 수 있다. 당시 어장이나 염분을 사점하고 세를 징수하는 것은 국가에 의한 많은 제약이 따랐으나, 윤씨 가문은 서남해의 도서 지역에 대한 지배권을 유지함으로써 이를 가문 경제력의 유지 기반으로 삼았다.[10]

윤선도 대에도 이미 몇몇 섬을 경영하고 있었다. 공재 윤두서가 직접

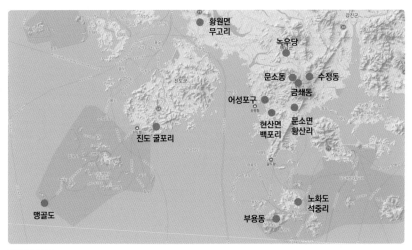

맹골도 위치

일본지도를 그렸다는 것과 윤씨 가문이 자신들이 경영했던 맹골도에 대해 상세한 기록을 남겼다는 것을 고려하면 해로를 잘 알고 있었고 교통수단으로도 이용했다는 것을 알 수 있다.

### 간척사업과 별서·원림의 관계

윤선도를 포함하여 가문의 종손들은 해안 가까운 곳이나 섬 지역에 별서정원을 짓고 예술작품을 창작하며 원림 생활을 즐겼다. 그러나 그러한 입지를 선택한 이유는 서남해안 곳곳에 있는 경작지와 섬을 경영하기 위한 교두보 확보라는 실질적인 목적 때문으로 판단된다.

당시 윤씨 가문은 해남뿐 아니라 다른 지역에도 토지를 소유하고 있

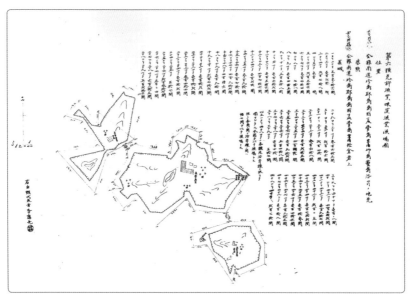

1910년 해남 윤씨 가문의 맹골도 어업면허 어장도(출처: 해남 윤씨 가문 고문서)

었다. 토지 관리를 용이하게 하기 위해 종가에서 먼 거리에 있는 토지를 매매하여 종가가 있는 해남 인근의 토지를 매입하거나 간척지를 농토로 개간하는 작업을 지속적으로 시행하였다. 그럼에도 불구하고 간척이 진행되고 있는 지역이나 도서 지역은 종가 근처보다 관리의 빈도가 낮을 수밖에 없었고, 가문의 사람들의 활발한 정계진출로 전장의 경영과 관리에 문제가 생기는 일이 잦았다.

녹우당에 남겨진 고문서를 살펴보면, 가문에서 개간한 간척지를 백성이 점유하고 소유권을 주장하는 것에 대해 입안 기록을 들어 가문의 땅임을 확인하는 기록들을 볼 수 있다. 이 때문에 가문의 전장 관리가 용이한 곳에 원림을 조성하고 가문의 경작지를 경영하였다. 윤씨 가문의 경작지는 해안과 도서 지역에 위치하여 육로보다 해로를 통해 관리하기가 용이했으므로 별서정원은 주로 해안가 또는 섬에 조성하였다.

후손들의 별서정원 조영 사실은 가문의 기록물을 통해 살펴볼 수 있는데, 윤선도의 후손인 윤두서는 어성포구가 있는 현산 백포리에 별서를 지어 이 일대를 관리하였고, 윤이후(1636~1699)는 정계 은퇴 후 해남 현산 백포의 어성포구 앞에 위치한 화산 죽도에 별서를 짓고 문학 활동과 가문의 전장을 관리하며 『지암일기』[11]를 남겼다.

note

01 균분상속(均分相續)은 재산을 상속할 때, 상속 대상자 모두가 같은 분량을 상속하는 것을 말한다.
02 이병삼, 2005, 「15-16세기 해남지방 재지사족의 형성과 성장에 대한 일고찰」, 목포대학교 석사학위논문, 60-63쪽.
03 한국정신문화연구원, 1986, 『고문서집성3-해남윤씨』, 453쪽.
04 조세를 한강으로 수송하기 위해 물길이나 바닷길 연안의 요충지에 설치한 창고이다. 바닷길을 이용하는 곳을 해운창 또는 해창이라 불렀다.
05 윤영표 편저, 1988, 『녹우당의 가보』, 해남윤씨문중, 248쪽.
06 정윤섭, 2015, 『녹우당』, 열화당, 190쪽.
07 위의 책, 248쪽.
08 정윤섭, 2012, 『해남윤씨가의 간척과 도서경영』, 민속원, 173-184쪽.
09 정신문화연구원, 1986, 앞의 책, 274쪽.
10 정윤섭, 2012, 앞의 책, 193-195쪽.
11 윤이후 저, 하영휘 외 역, 2021, 『윤이후의 지암일기』, 너머북스.

# 윤선도, 정책을 꿰뚫다

## 간척에 힘쓴 윤선도

윤선도는 해남 윤씨 종가인 연동의 녹우당과 가문이 주로 이용한 포구인 현산 백포리의 어성포구 일대를 중심으로 토지를 개간하였고, 간척지 개간이 유리한 지역의 입안을 통해 토지를 선점한 후 지속적으로 농경지 개간사업을 진행하였다. 간척된 토지마다 구획된 정도가 달라 면적을 확실히 알 수는 없지만, 현재 단위로 환산하면 윤선도 대에 해남 윤씨 가문은 대략 40만 평의 토지를 소유하고 있었던 것으로 추정된다.

가문의 기록물에도 입안에 관한 많은 기록을 찾을 수 있는데, 윤선도와 관련된 기록으로 윤선도의 처가 황원면 무고리와 화산 죽도의 간척에 대한 허락을 구하는 입안 문서를 볼 수 있다. 윤선도의 입안 문기(文記)를 통해 부용동 원림 조영 이후에도 윤선도가 지속적으로 가문의 경제 활동에 참여하였음을 알 수 있다.

윤선도는 서남해안 일대의 가문의 전장을 관리하고, 입안을 통해 새로운 토지를 간척하는 등 지속적으로 가문의 전장을 확대하고 경영하였다. 그러므로 중장년기 이후 주 생활공간이었던 원림은 이러한 사회경제적 활동을 원활히 행할 수 있도록 조영되었을 것이다. 윤선도가 보길도에 입도한 후 간척을 시작한 노화도의 기록을 통해, 부용동 원림이 노화도의 간척지 개간과 밀접한 연관성이 있었음을 추정해 볼 수 있다.

〈 윤선도 관련 입안 문기와 내용 〉

| 연도 | 입안처 | 입안자 | 입안내용 |
|---|---|---|---|
| 1625년 | 백야지 | 윤선도 | 本縣 縣山面 白也只 南至當00板寺洞下流 西至大海 東至乭齒伊 有一海浦 |
| 17C | 진도,굴포, 완도 노화도 | 윤선도 | 200정보<br>130정보 |
| 1647년 | 죽도 前洋 | 尹星山宅奴春立 | 縣地花山二道 奄仇之竹島前洋 西至舊海倉 東至新海倉良中 有舊遠 量不付 斥齒海水出入之地 |
| 1650년 | 황원면 무고진 | 尹星山宅奴春立 | 縣地 黃原面 舞鼓嵂津 小地名乭島 稱名浦良中 南至月仰 北至馬坊邊 西至大海 東至破堰外 |

(자료: 정윤섭, 『해남윤씨가의 간척과 도서경영』, 민속원, 104쪽, 내용을 바탕으로 재정리)


## 윤선도의 도서경영

윤선도의 부용동 원림 조영 배경은 특산물과 산림 등의 경제적 자원획득 측면에서 살펴볼 수 있다. 『보길도지』 서문에 있는 "태화(苔花, 김), 전복, 조개 등 맛은 철따라 다르지만 이른바 산해진수(山海珍羞)를 모두 갖추었다 하겠다."라는 기록을 통해 보길도에서도 전복, 김이 채취되었음을 알 수 있다.

동백나무가 많이 심어져 있다는 기록도 있다. 동백기름은 여인들의 머리를 윤택하게 꾸미는 화장품으로 한양에서 인기가 많은 특산물이자 경제적 가치가 큰 상품이었다. 또한 남도의 주요 공물이었던 까닭에 관리의 수탈이 심한 품목 중 하나[01]이기도 했다.

이 외에도 보길도 산림의 땔감과 잡목은 삼림자원으로 큰 가치가 있었고 노화도와 보길도에서 자염(煮鹽)을 생산할 때에도 땔감이 중요한 자원이었다. 노화도는 소금 생산지로의 긴 역사를 지니고 있는데 400여 년 전 등산리 염등마을로 전주 이씨가 처음 들어와 정착하여 소금을 구웠다고 전해진다. 노화도에는 노화염전, 신흥염전, 충도염전, 평화염전, 동화염전 등이 있으며 특히 노화염전은 1990년대 후반까지 소금을 생산하였다.[02]

note

01 기태완, 2012, 『꽃, 들여다보다』, 푸른지식, 22-23쪽.
02 김준, 2015, 『섬문화답사기 완도편』, 보누스, 478-480쪽.

보길 저수지

# 정원에 숨겨진 의미

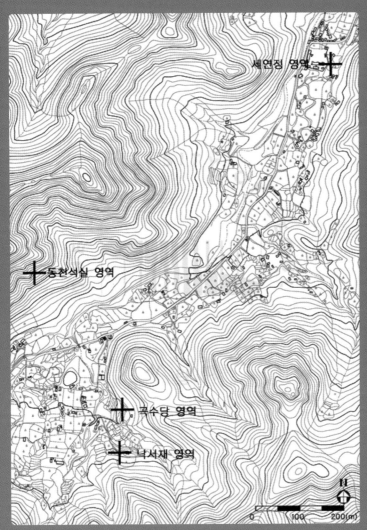

세연정 영역

동천석실 영역

곡수당 영역

낙서재 영역

0    100    200(m)

보길도 윤선도 원림 영역별 위치도(작도: 유광화)

# 복원된 보길도

보길도의 윤선도 원림은 세연정, 동천석실, 낙서재, 곡수당을 중심으로 네 개의 영역을 나눌 수 있다. 발굴을 통해 지금까지 확인된 내용과 현재 복원된 모습을 발표된 연구를 중심으로 정리해볼 필요가 있다.[01]

『보길도지』에 따르면 낙서재는 윤선도가 부용동의 혈터에 마련한 저택으로 안채인 낙서재, 사랑채인 무민당, 그리고 동와와 서와의 부속채를 가진 조선 사대부의 살림집 구성으로 이루어졌다고 기록하고 있다.

낙서재 일대가 발굴되기 전에 대상지의 북쪽은 계단식 논이 경작되고 있었고, 동와 건물지에는 민묘와 후대에 만들어진 축대가 있었으며, 소은병 및 그 주변 건물지는 산림이었다. 북쪽 건물지는 건물이 조영될 당시 건물을 짓기 위해 평탄화 작업이 되었을 것으로 추정된다. 따라서 건물이 소실된 후 만들어진 계단식 논은 건물이 남아있을 당시의 지형에서 큰 변형 없이 만들어졌을 것으로 추정된다.[02]

낙서재 영역 발굴·조사는 전남문화재연구소에서 2004년과 2006년에 두 차례 실시하였다. 1차 발굴·조사 결과, 건물지 4곳(건물지①~④), 담장 등이 확인되었고, 지표조사를 통해 주변에 축대 등이 남아있었음

낙서재 영역 발굴·조사 현황도(자료: 전남문화재연구소, 2009, 『완도 보길도 윤선도유적 Ⅲ』, 299쪽 바탕으로 수정)

(좌) 발굴 전 낙서재 터와 민묘 (우) 발굴 전 소은병 주변 (자료: 『보길도 부용동 원림』)

성토된 발굴지(2009년 11월 18일)

ⓒ하광용

낙서재 현재 모습

을 확인할 수 있었다.

건물지①은 건물지④(낙서재 추정 건물)의 동남쪽 높은 곳에 자리 잡았다. 이것은 주자가례(朱子家禮) 법칙을 적용한 가묘(家廟) 자리이자 담장 안에 별도의 공간을 구성한 사당으로 추정하고 있다.[03]

그러나 1980년 완도군청의 기초조사 중 당시 70대 동노(洞老)의 말에 따르면 예부터 이곳은 서당터였다고 한다.[04] 『고산연보』에 따르면 "1653년 낙서재 구암 아래에 무민당(無憫堂)을 짓고 동강의 바깥쪽에 정성당을 지어 자제·문인들을 거처하게 함"이라는 문구를 통해 이 건물지가 정성당이라는 서당으로도 추정되기도 한다.

> 1653년 2월에 보길도 부용동에 가서 세연정을 증축하고, 석실, 회수당, 무민거, 정성당 등을 짓고 제자들을 가르쳤다. 낙서재 앞 구암 아래에 무민당을 짓고 동강의 바깥쪽에 정성당을 지어 자제문인들을 거처하게 하였다.
>
> – 윤위, 『보길도지』

건물지①이 정성당이나 무민당일 경우 이를 『보길도지』에서 확인할 수 있기 때문에 『보길도지』가 서술되기 이전에 지어졌을 것으로, 사당일 경우 『보길도지』에 기록되어 있지 않기 때문에 이후에 지어졌을 것으로 추정된다.[05]

2차 조사 대상지는 1차로 조사했던 건물지의 북쪽이며, 이 부근은 발굴·조사 이전까지 경작지로 이용되었다. 조사 결과 5동의 건물지(건물지⑥~⑪)와 연지, 수로 등이 확인되었고 특히 건물지 중에는 공방으로 추정되는 것도 있었다. 건물지⑥은 소은병의 북서쪽에 위치하며, 잔존 유구는 건물지와 관련된 초석 2개와 초석 사이의 온돌구조에서 볼 수 있는 '고막이 석렬'이다. 건물지⑦은 건물지⑥에서 북쪽으로 약 13m 지점에 위치하고 있으며, 건물의 기단으로 추정되는 석렬이 발굴되었다. 건물지⑧과 ⑨사이에서는 수로가 확인되었다. 평면 형태는 '一'자형이고 동서 방향이며 잔존길이는 3.4m이다.

건물지⑧ 북쪽의 건물지⑩은 중앙 칸의 간살이 13.5척(尺)으로 협칸(夾間)에 비해 크고, 불을 사용하는 구역의 면적이 넓으며, 발견된 유물 중 도가니가 확인된 점으로 미루어 공방 용도의 건물로 추정하고 있다. 또한 건물지⑪은 회랑의 성격을 지닌 건물로 추정되고 있다. 연지는 건물지⑪의 북쪽에 위치하고 있다.

다음으로 낙서재의 위치를 살펴보자. 『보길도지』에서는 처음에는 낙서재는 소은병 아래 위치하였고 초가였다고 기록되어 있다. 따라서 윤선도가 기거했던 낙서재는 소은병 바로 아래 위치한 잡목으로 지어진 초가지붕의 건물이었다.

> 소은병 아래가 낙서재 터가 되었는데, 그 혈전은 꽤 높고 크다. … 처음에는 초가를 짓고 살다가 그 뒤에는 잡목을 베어 거실을 만들었다. … 낙서재는 옛날에는 소은병 아래 있었다. 뒤가 낮고 앞이 높았던 것은 대체로 지형에 따른 것이다. 소은병이 바로 뒤 처마를 누르고 있고, 좌우 난간 가에는 괴석이 늘어서 있으며…
> – 윤위, 『보길도지』

이후 낙서재는 다시 지어졌는데 이에 대한 『보길도지』의 기록은 다음과 같다.

학관의 아들 이관(爾寬)이 내침(內寢)이 협소하다 하여 **뜯어내고 다시 건축**할 때, 뒤편을 편편하게 고르기 위해 **모든 암석을 쪼아내 버리고 소나무를 베어 극히 사치스럽게 오량각(五梁閣)**을 지었다.

- 윤위, 『보길도지』

이를 통해 입도 초기 낙서재는 소은병 아래에 매우 근접하여 지어졌으나 후에 오량각 건물이 지어지면서 처음 지어졌던 낙서재가 헐렸다는 것을 알 수 있다.

발굴·조사 결과 소은병 바로 아래에는 건물지가 발견되지 않았다. 소은병 아래에서 건물지① ③ ④ ⑤가 조사되었는데, 건물지①과 ⑤는 각각 3×1칸, 3×2칸의 건물이므로 낙서재에 대한 기록과 맞지 않는다. 건물지③은 규모 면에서 3칸+퇴칸(退間)의 건물이 들어서기에는 좁으므로 건물지④를 낙서재로 추정할 수 있다. 결국 윤선도의 아들 학관이 오량각(다섯 보로 지은 집)을 지을 때 내침을 헐었다고 한 점에서 처음 소은병 아래에 있던 낙서재가 건물지④로 옮겨진 것으로 보이며, 이때 기존의 낙서재 건축자재를 활용하여 새로운 낙서재를 지었을 가능성이 크다. 이럴 경우 기존 낙서재에 건물지가 남아있지 않게 된 것이 설명된다.[06]

낙서재는 윤선도가 머물렀던 중심 건물인데, 건물지④가 낙서재 영역의 중심에 위치하고 있다. 전체 공간의 경계를 담장2까지로 보면 건물지④가 공간의 중심이 된다. 또한 건물지④ 주변으로만 또 다른 담장이 형성되어 있다. 그리고 『보길도지』에 "오량각을 짓기 위해 주변을 평탄하게 작업했다."라는 기록이 나오는데 그림에서 건물지④ 주변의 등고

선이 가장 평평하다. 이 경우 공간 구조상 건물지③을 동와, 건물지⑥을 서와로 추정할 수 있다. 현재는 이러한 발굴과 복원 과정에 따라 낙서재 및 동와, 서와가 복원되어 있다.

『보길도지』에는 "뜰 앞 한가운데는 거북이 모양을 한 암석이 있어 이를 귀암(구암)이라 하였다.", "건물의 앞 기둥이 구암을 눌러…"라고 기록되어 있다. 2011년 발굴·조사를 진행할 때 건물지④ 위치에서 구암으로 추정되는 바위가 발견되었다. 구암 주변은 처음에는 뜰이었을 것으로 추정된다. 『보길도지』에 기록된 연못과 화단 및 기암괴석은 발굴·조사를 통해서 드러나지 않았다.

> 옛날에는 뜨락 앞 섬돌과 약간 떨어진 거리에 조그마한 연못이 있었는데, 공이 세상을 떠난 뒤 학관(學官)이 옮겨다 파서 지금은 난간 아래 위치하게 되었다. 연못 좌우에는 화단을 쌓아 온갖 화초를 줄지어 심고, 그 사이사이 기암괴석(奇巖怪石)으로 꾸며 놓았으며, 뜰 아래에는 화가(花架)가 있다. 섬돌은 모두 잡석을 사용하여 형상이 거북 무늬와도 같다. 또 천연석처럼 조각한 흔적이 없으며, 지금도 틈이 벌어지지 않고 단단하게 남아 있다.
>
> – 윤위, 『보길도지』

『보길도지』에서 낙서재 주변의 식물에 대해서 살펴보면, 새로운 낙서재가 조성되기 이전에는 소나무가 있었는데 건물 조성을 위해 베어졌다고 기록되어 있다. 또한 낙서재 앞에 화초 및 기암괴석으로 잘 가꾸어진 조경 공간이 있었다고 기록되어 있지만, 그 정확한 형태 및 수종은 기록되어 있지 않다.

낙서재 앞에서 발견된 구암

현재는 발굴 및 관련 연구에 의해 낙서재와 동와 그리고 사당 등이
복원되어 낙서재 영역을 구성하고 있다. 낙서재는 발굴된 기초 위에 측
면 3칸, 정면 1칸, 그리고 사방에 퇴를 단 구조로 만들어졌다. 그리고
이를 해남의 가옥 안채(녹우단 안채, 윤두서 고택 안채, 윤탁 가옥 안
채) 복원을 위한 기준으로 삼았다. 기단은 자연석으로, 건축 기초는 덤
벙주초로, 낙서재와 무민당의 기둥은 원기둥으로, 동·서와의 기둥은 원
기둥보다 격이 낮은 각기둥으로 복원하도록 계획하였다.[07] 낙서재 건물
복원의 기준을 이렇게 삼은 이유로는 낙서재가 윤선도의 주 생활공간
이었던 점과 보길도가 본가가 있던 해남과 지역 차가 거의 없는 곳이라
는 점이기 때문이라고 밝히고 있다.

낙서재의 지붕은 윤선도 유적에서 가장 격이 높은 건물이라는 점과

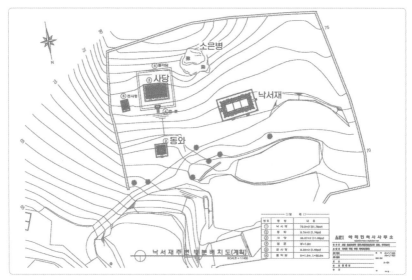

낙서재 주변 배치도 (자료: 아리건축사사무소)

건물의 규모를 고려하여 조선 시대 지붕 양식 중 하나인 팔작지붕[08]으로 계획하였다. 그러나 이렇게 복원된 낙서재의 모습은 조선 시대 금산제도와 토지 제도를 고려하면, 윤선도가 보길도에 거주했던 때의 모습에 맞지 않게 잘못 복원된 것으로 판단된다.

소은병에서 바라본 낙서재와 건너편의 동천석실, 구암의 발굴에 따라 낙서재와 구암의 축이 맞지 않게 복원되었다는 의견이 있다.

## 곡수당 영역

『보길도지』에 따르면 곡수당 영역은 낙서재에서 동북방으로 200m 정도 떨어진 곳에 있으며, 작은 개울을 중심으로 곡수당, 서재(書齋), 석

소은병에서 바라본 낙서재와 건너편의 동천석실, 구암의 발굴에 따라 낙서재와 구암의 축이 맞지 않게 복원되었다는 의견이 있다.

동천석실에서 바라본 낙서재 영역

정(石亭), 석가산(石假山), 평대(平臺), 연지(蓮池), 다리, 화계(花階) 등이 조성되어 있었던 곳이다. 이곳은 윤선도의 아들 학관이 휴식했던 공간으로 현재 곡수당, 서재, 석가산, 2개의 연지, 3개의 다리가 복원되어 있다.

곡수당 일대의 지형은 서북쪽으로 갈수록 낮아지며 전반적으로 완만한 경사를 이루고 있다. 곡수당 일대가 발굴되기 전에 대상지는 대부분 잡초와 수목으로 뒤덮여 있었고 하연지는 논으로 경작되고 있었지만, 발굴지 대부분이 잘 보존되어 있었다. 수계는 남동쪽 산에서 흘러오는 물이 북쪽으로 흘러가고 있다. 유적의 상태와 산세의 흐름을 보았을 때 지형 및 수계는 훼손되지 않은 것으로 보였다.

곡수당 영역에 대한 발굴·조사는 전남문화재연구소가 2002년, 2004년, 2006년 세 차례에 걸쳐 실시하였다. 1차 조사에서는 건물지(①, ②, ⑨), 연못지(⑦), 다리(④, ⑤, ⑥), 축대, 담장(③), 아궁이시설 등이 확인되었고, 하천의 서쪽에서 방형 연못(⑧)지가 확인되었다.

곡수당에서는 크게 건물지①과 하천부에서 유구가 확인되었고, 남쪽에서 서재부 축대가 조사되었다. 건물지①은 기초석이 내·외부에서 확인되어 후대에 증축된 것으로 추정된다. 기단은 사방에서 모두 확인되었는데 내부 기단석은 최초 건물지의 기단석이고, 외부 기단석은 후대에 확장되면서 축조된 기단석으로 추정된다. 현재는 이 건물지에 곡수당을 복원하였다.

곡수당의 건물 형태에 대한 『보길도지』의 기록을 살펴보면, 곡수당은 사방에 퇴가 있는 1칸 건물이라고 밝히고 있다. 그리고 곡수당 서남쪽 모퉁이 계단 위에 동백나무가 심겨 있었던 사실을 알 수 있다.

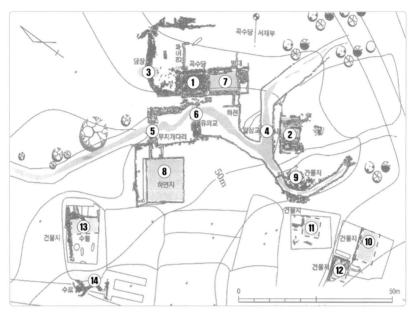

① 곡수당 ② 서재 ③ 담장 ④ 일삼교 ⑤ 무지개다리 ⑥ 유의교 ⑦ 상연지 ⑧ 하연지 ⑨ 건물지
⑩ 건물지 ⑪ 건물지 ⑫ 건물지 ⑬ 건물지 ⑭ 수로

낙서재 영역 발굴·조사 현황도(자료: 전남문화재연구소, 2009, 『완도 보길도 윤선도유적Ⅲ』, 299쪽 바탕으로 수정)

집은 한 간에 사방으로 퇴를 달았으며, 남쪽 난간에는 취적(取適), 서쪽은 익청(益淸)이라는 편액을 달았다. 정자는 세연정보다는 다소 작지만 섬돌과 주춧돌을 놓은 곳은 정교함을 더하였다. **초당 뒤에는 평대(平臺)를 만들고 대의 삼면으로 담장을 둘러 좌우에 작은 문을 두었으며,**… (초당의 서남쪽 모퉁이 계단 위에는 백산다(白山茶, 백산차) 한 그루가 있는데, 높이는 처마를 웃돌고 눈빛의 꽃이 연못에 비치고 있다. 산다는 곧 속명으로 동백이다.)

– 윤위, 『보길도지』

곡수당 영역

곡수당은 발굴·조사에서 2개의 건물지가 동시에 확인되었다. 곡수당은 처음 지어졌을 때, 정면 1칸, 측면 1칸, 그리고 사방에 퇴를 단 형식이었다. 후에 정면 2칸, 측면 1칸의 건물로 바뀌게 된다. 따라서 곡수당은 후에 증축 혹은 재건되었다고 추정해 볼 수 있다. 하지만 지금까지는 곡수당의 증축 기록이 나타나지 않아 내부 기단석만큼이 『보길도지』 작성 당시의 건물지로 추정된다.[09]

다리는 남북에 2개소가 확인되었다. 북쪽 다리⑤는 동쪽 부분과 서쪽 부분이 남아있다. 서쪽 부분은 보수한 흔적이 확인되었고, 동쪽 부분은 하천부에 방형 배수구가 남북으로 뚫려 있었다. 이 다리가 『보길도지』에서 밝히고 있는 무지개다리로 추정된다. 남쪽다리⑥는 서쪽 부분 다리가 확인되었다. 대형판석을 서쪽 축대의 곡선부에 올려 왕래한 것으로 추정된다. 『보길도지』에 유의교는 일삼교와 가까이 있으며 유의교 위에 연못이 있다고 기록되어 있는데, 이에 따르면 이 다리가 유의교로 추정된다.

> 연못 서쪽 언덕 위에는 두어 층의 돌을 쌓아 익청헌(益淸軒) 아래로 이어지는 무지개다리를 가로질러 놓았다. … 일삼교에서 두어 걸음 돌아가면 유의교(有意橋)가 있고, … 유의교 위에 연못을 파놓았는데…
> – 윤위, 『보길도지』

못으로 추정되는 ⑦은 건물지①의 동남쪽 가까이에 위치한다. 하단 중앙부에는 장방형의 배수구가 남북으로 뚫려 있다. 남벽은 내벽과 외벽으로 축조되었으며, 벽석 사이에 방대(方臺)가 축조되어 있다. 방대는 괴석을 4~7단 정도 쌓은 후 남쪽 중앙부에서 방형구를 뚫어 못에 물을 대는 곳이다. 『보길도지』에는 비래폭(飛來瀑)으로 기록되어 있다. 그리고 기록을 통해 비래폭 주위로 단풍나무, 동백나무, 소나무가 있었다는 것을 알 수 있다.

> **후면에는 두어 층의 작은 계단을 만들어 꽃과 괴석**을 벌여 심었으며, **동남쪽에도 방대를 높이 축조**하고, 대 위에는 암석을 쌓아 가산(假山)을 만들어 놓았는데 높이가 한 길 남짓하다. … 허리 부분에는 구멍 하나를 뚫어 그 가운데 석통(石筒)을 끼워 넣고 뒤에서 은통(隱筒, 숨은 흠통)으로 물을 끌어들여 구멍을 통하여 못으로 쏟아지게 하고 이를 '**비래폭**'이라 불렀다. 이 연못에 물이 차면 수통을 가산 뒤로 옮겨 작은 언덕 단부(短阜)에 대는데, 그 언덕에는 단풍나무, 산다, 소나무들이 서 있다.
>
> – 윤위, 『보길도지』

연지⑧는 하천부의 서쪽에 위치하고, 사방에 석축을 인공적으로 축조하여 조성하였다. 하연지의 축조 방법은 조선 중기 이후의 것으로, 동남쪽 못⑦의 서쪽 외벽에서도 같은 양상을 볼 수 있다. 연지와 동쪽 다리는 1단 괴석으로 연결되어 있어 다리와 연못의 왕래를 추정해 볼 수 있다.[10] 『보길도지』에는 다리와 연못의 연결 공간에 석정이 위치했다고 기록되어 있다. 하지만 발굴·조사 결과 초석은 발견되지 않았다.

> **무지개다리**를 가로질러 놓았다. **언덕 위에는 연못이 있고 연못 동쪽에는 작은 대**를 쌓았다. 대 위에 **석정(石亭)을 축조**하고 그 밑에는 반석을 깔았다. 돌을 포개

쌓아 기둥을 세워 들보를 걸치고 조각돌로 덮었는데, 대체로 단단하고 매우 예스러웠다.

- 윤위, 『보길도지』

2차 조사에서는 낙서재 북쪽 계단식 논 지역을 발굴 조사하였다. 이곳은 최근까지 경작지로 이용되던 곳이다. 조사 결과, 건물지(②, ⑨), 하천축대, 다리, 폭포 보 시설 등이 확인되었다. 서재(건물지②로 추정 됨)는 학관과 윤선도의 제자들이 글을 읽었던 곳으로 하루에 세 번 낙서재에 올라가 문안했던 곳이다. 서재와 곡수당은 하천의 다리(일삼교)를 이용하여 왕래할 수 있게 축조되어 있다.

건물지②의 평면 형태는 방형이며, 좌·우측 칸에서 온돌시설이 확인되었고, 중앙 칸에서는 확인되지 않아 좌·우측에 온돌방을 놓고 중앙은 마루를 놓은 것으로 보인다. 추가로 고래, 굴뚝 연도부, 적심석, 아궁이가 확인되었다. 이 건물지가 『보길도지』에 기록된 서재로 추정되며, 서재의 건물 형태에 대해서는 기록되어 있지 않다.

학관은 항상 **서재**에 있었으나 공은 생존하여 당에 있었기에 이 다리(일삼교)를 거쳐 왕래하였다.

-윤위, 『보길도지』

건물지⑨는 서재 건물지의 서쪽에 위치한다. 이곳은 하천의 물이 담수되는 곳으로 정자로 추정하고 있다. 일삼교는 북쪽 하천 중앙에 곡수당과 연결되는 곳에 있다. 중앙에 축대를 쌓고 양쪽 축대에 커다란 판석

2매가 놓여 있다. 중앙부 축대는 암반 위에 양쪽으로 괴석을 놓고 중앙에 2단의 배수로를 설치하였다. 이 다리가 『보길도지』에 기록된 일삼교로 추정된다.

> "낙서재 오른쪽 골짜기에 흘러 정자 십여 보 아래에 이르러서는 조그마한 곡수(曲水)를 이루고 있으며, 이곳에 **일삼교(日三橋)가 가설**되어 있다."
> – 윤위, 『보길도지』

이후 3차 조사 진행 후, 조사 결과를 바탕으로 2008년 9월부터 곡수당 및 주변 건물들을 복원하기 시작되어 현재의 모습에 이르렀다.

곡수당 복원계획은 외부 건물지에 맞춰져, 정면 2칸, 측면 1칸의 건물에 사방으로 퇴를 단 형식으로 계획되었다. 곡수당이 이 영역에서 가장 중심 건물이므로 건물의 지붕은 동시대의 팔작지붕으로 계획되었다. 서재는 발굴·조사 과정에서 원형을 유추할 수 있었다. 그러므로 건물은 발굴된 기초대로 계획되었으며, 곡수당 영역 내 건물의 중요도를 고려하여 지붕은 맞배지붕으로 계획되었다.

그러나 조선 시대 금산으로 행위 제한이 있었던 보길도의 시대적 상황에 대한 고려 없이, 양반이 거주하던 건물이라는 이유로 팔짝 및 맞배지붕 형태로 건축물을 복원한 점은 적합하지 않은 측면이 있다.

상연지는 주변 석축이 무너진 채로 발굴되었지만, 훼손의 정도가 크지 않아 원형을 유추할 수 있었다. 이 못의 서쪽 지안 축대는 잡석으로 면이 고르게 쌓여 있는데 심이 강회로 채워져 있어 콘크리트보다 단단하다. 이러한 축대는 다른 곳에서 볼 수 없는 보다 발전된 형태였다.[11]

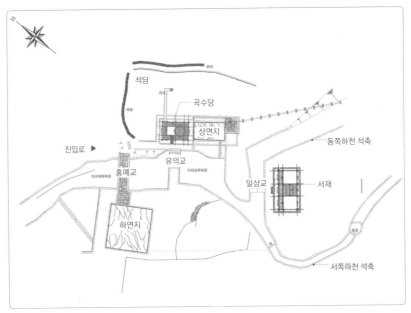

곡수당 영역 복원계획도 (자료: 삼진건축사사무소)

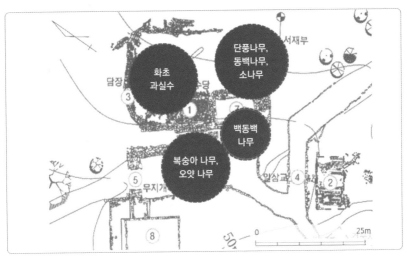

보길도지에 기록된 곡수당 영역의 수목 현황 (자료: 유광화, 2004)

복원된 곡수당 영역의 모습

곡수당과 유의교

『보길도지』의 기록에 따라 비래폭도 복원되었다. 축대의 허리 부분에 구멍을 뚫고, 뒤쪽으로부터 대나무로 만들어진 통을 통해 못으로 물이 흘러들어온다.

하연지는 발굴 당시 논의 일부로 사용되고 있었다. 그러나 주변 석축은 보존상태가 매우 양호하여 원형을 유지하고 있었다. 수리 계획은 양식에 따라 자연석 쌓기로 계획하였다.

세 개의 석교 중에 일삼교를 살펴보면, 중앙의 다리 하부는 2단의 배수구를 둔 형태로 돌을 쌓고, 이로 하여금 일삼교를 받치도록 하였다. 상판은 기존의 석판을 보강하여 사용하였다. 유의교는 다리의 기존 석축을 보수 및 보강하고 위에 상판을 놓았다. 무지개다리는 홍예교의 모습으로 수복되었다.

## 세연정 영역

보길도의 주산인 격자봉 아래에서 시작된 계류는 낭음계를 이루고, 그 물은 지하로 스며들어 건천(乾川)이 되어 흐르다가 세연지 가까이에서 샘물처럼 솟아오르고, 물은 다시 주위 골짜기에서 내리는 물과 함께 계류를 형성한다. 이 계류에 판석의 보(洑)를 쌓아 반인공적으로 만든 못이 세연지이다.

'세연(洗然)'이란 '주변 경관이 매우 깨끗하고 단정하여 기분이 상쾌하다'라는 뜻이다. 세연지는 계간에 제방을 쌓아서 흐르는 물을 막아서 형성한 못이므로 계담(溪潭)이라고도 한다. 연못의 밑바닥은 암반이 깔려 있어, 아름다운 수경을 이루고, 계류의 여기저기에는 놓여 있는 크고 작은 바위들은 칠암이라고 한다. 세연정을 비롯하여 계담과 계담을

세연지와 세연정

옥소대는 세연지 건너편 산 중턱에 있는 넓적한 바위이다.

막는 판석보, 인공연못, 동대와 서대, 칠암과 흑약암, 원형과 방형의 섬, 그리고 옥소대(玉簫臺)라는 석대(石臺)가 있다. 옥소대는 세연지 건너편 산 중턱에 있는 넓적한 바위이다.

1980년에 세연정 영역을 조사했을 당시에도 세연지의 형태는 옛 모습을 잘 보존한 채 주변 석축만 무너진 상태였다. 1981년 발간된 「보길도 윤고산 유적 조사 보고서」에는, '세연정 터는 이중으로 축조되어 있고 상부에는 흙이 쌓여 있었으며, 동대와 서대는 주변으로 나무가 자라고 있었다. 연못 주위는 대나무숲으로 둘러싸여 있었다. 판석보는 대부분이 파손되어 생석회가 씻겨 일부분만 남아있어 마치 굴뚝과 같은 형

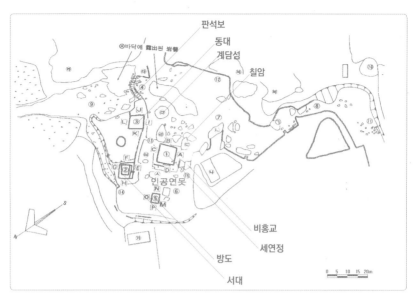

세연정 영역 기초조사 현황도 (자료: 완도군, 1981, 「보길도윤고산유적조사보고서」, 68쪽 도면을 바탕으로 수정)

태였다.'라고 기록되어 있다. 이 시기 세연정 터는 건물의 기초가 흙에 묻혀 있어 단순한 대(臺)로 추정되었다.[13]

그러나 1990년 세연정 지역 발굴·조사의 결과로 세연정의 위치가 현재 복원된 자리였음이 확인되었다. 『보길도지』에도 "세연정은 세연지의 중앙에 위치하면서…"라고 기록되어 있어, 현재 세연정의 위치가 적절하다는 것을 추정해 볼 수 있다. 발굴된 세연정은 정면 3칸, 측면 3칸의 규모였으며, 건축 평면이 중앙의 한 칸 방을 중심으로 사방에 퇴칸을 덧붙인 회자(回字)형 건물임이 확인되었다. 동측 아궁이 부분은 중자(中字)형 평면으로 유례를 찾을 수 없는 독특한 형식인데 온돌에 직접 불

세연정 내부 모습

세연정과 방도

길이 닿지 않도록 하는 시설로 추정되었다.

『고산연보』에 따르면 윤선도는 1653년 2월, 67세의 나이로 보길도를 다시 찾았다. 이때 세연정을 증축하였는데, 규모에 대한 언급이 없어 정확한 건축 형태는 알 수 없다.

그러나 『보길도지』를 통해 세연정의 증축된 모습을 추정해 볼 수 있다. 『보길도지』에 묘사된 세연정의 모습은 약 3m 높이의 판옥 형식으로 한 칸 건물에 사방에 퇴가 달린 건물이었다. 또한 나무 지도리가 있어서 문을 열면 위의 것은 처마에 걸리고 아래 것은 땅에 드리우게 되어 있었다.

"한 간에 사방으로 퇴를 달았다. 낙서재, 무민당, 및 세연정에는 모두 널판자로 만든 문(板戶)으로 위 아래에 나무 지도리를 만들어서 문을 열면 위의 것은 처마에 걸리고 아래 것은 땅에 드리우게 된다. 또 닫으면 마주 합한 판옥(板屋)이 되어 바람과 비를 막아 준다. 건물(軒)의 높이는 한길이고 섬돌 높이 또한 한길쯤으로 못의 중앙에 위치해 있다.

– 윤위, 『보길도지』

발굴·조사에 근거하여, 세연정 영역은 1992년에 현재의 모습으로 복원되었다. 중심이 되는 정자인 세연정은 발굴된 기초 위에 기존 석축을 유지하며 수복되었다. 세연정 진입부는 계단 적심석의 흔적을 고려하여, 북쪽에서 정자로 진입할 수 있도록 복원하였다. 세연정 영역의 중심이 되어야 하는 이 건물의 성격과 평면의 특수성을 고려하여 건물의 양식이 결정되었다. 기둥은 건물의 격에 맞게 둥근 기둥으로 하고, 창은

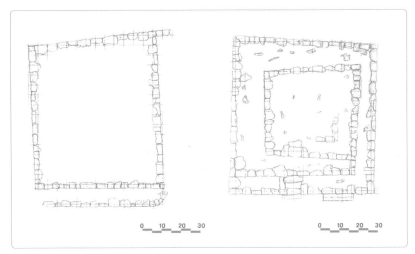

1990년 동대와 서대 유적 실측도(자료: 국립문화재연구소, http://www.nrich.go.kr)

동대와 판석보

외부에는 판문(板門)을 사방에 설치하였으며, 익공식(翼工式) 공포를 채택하였다. 지붕의 형태는 전남지역에 분포한 회자(回子)형 정자의 예를 따라 팔작지붕을 채택하였다.

『보길도지』만으로는 세연정의 정확한 규모를 알 수 없었기 때문에 기록보다는 발굴·조사로 확인된 석축을 근거로 복원이 진행되었으나, 여전히 세연정의 정확한 형태와 지붕 재질 등은 알기 어려웠다. 그래서 전남지역의 일반적인 정자 형태를 따랐으나, 규모 및 형식에서 복원이 적절하게 되었는지에 대한 의문이 생긴다.

1990년 발굴에서는 동대와 서대가 발견되었다. 당시 동대는 두 단이 남아있었으며, 서대는 나선형으로 세 단이 남아있었다. 『보길도지』에 따르면 동대와 서대 모두 세 단이라고 기록되어 있어 후에 동대가 변형되었을 것으로 추정된다.[14]

동·서대 정비 전까지 동대 상부에는 외래종인 플라타너스, 적송, 동백이 있었으며, 동대 하부 세연지 축대 위에는 동백나무가 자라고 있었다. 서대 상부에는 팽나무, 동백나무가 자라고 있었다. 『보길도지』에 따르면 동대와 서대는 춤추는 공간이었기 때문에, 당시에는 두 대(臺) 위에 수목이 심겨 있지 않았을 것으로 추정할 수 있다. 따라서 현재 볼 수 있는 두 대 위의 수목들은 후에 심은 것이거나 자생한 것으로 보인다.

2003년 문화재위원회의 심의 자문 결과에 따라, 서대 상부의 팽나무는 수령이 오래되지 않았고 후에 건조물을 훼손할 우려가 있어 제거되었다. 그러나 서대 상부의 동백나무는 제거 시 서대가 훼손될 것이라 예상되어 보존하도록 계획되었다.[15]

세연지의 동대(좌)와 서대(우), 현재 동대와 서대 위에는 나무가 무

세연지와 옥소대

성하게 자라 있다. 세연지 북서쪽의 방도는 넓이가 가로 세로 3m 내외이며 1981년 조사 당시에는 고사한 수목과 수풀로 덮여 있었다. 세연정 동쪽의 판석보(板石洑)는 활처럼 굽어 있는 모습이며 보의 동쪽 부분이 훼손되어 있었다.

못 남쪽 한가운데에 **조그마한 섬을 이루고 있는데, 그 위에는 소나무와 대나무**가 자라고 있다

– 윤위, 『보길도지』

이 기록과 방지의 규모 및 소나무의 수간폭을 고려했을 때, 방도 위에 소나무와 대나무가 함께 자라기는 어려울 것이라 판단되므로 기록에 나온 대나무는 조릿대로 추정된다. 따라서 방도의 옛 모습은 조릿대와 소나무가 식재된 모습으로 추정할 수 있다.[16]

2004년 문화재위원회의 의견[17]에 따라, 방도의 해송은 육송으로 교체되었다. 그러나 2009년 겨울, 소나무는 사라지고 억새가 식재되어 현재에 이르고 있다.

1993년 「문화재수리보고서」 기록에서 세연지의 모습을 살펴보면, 전체적으로 석축은 양호한 편이나 인공연못 주변 자연석축이 붕괴되어 있었으며, 계류지역 및 계담지역 역시 호안 석축이 유실된 상태였다.[18] 이 호안 석축은 『보길도지』에 '…굴곡된 지형을 따라서 잡석으로 축조를 했고…'라는 기록을 통해 윤선도가 경영했을 당시에도 조성되어 있었다는 것을 알 수 있다. 또한 『보길도지』의 '… 제방을 두르고 산다(山茶, 동백나무)와 영산홍을 심었다. 부용동에서부터 제방둑을 이르는 길

(좌)1981년 판석보(자료 : 문화재관리국(1982), 보길도 윤선도 유적)와 (우)현재의 모습

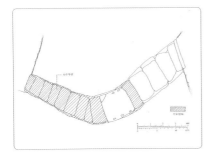

당초 판석보 보수 계획부분, 빗금 표시(자료: 문화
재청, 1990, 「문화재수리보고서」, 464쪽)

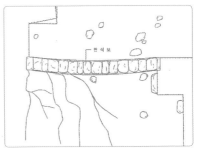

보수 후 현재 판석보 현황(자료: 문화재청, 1998,
「문화재수리보고서」, 983쪽)

판석보

양쪽에는 장송(長松)이 울창하며,… '라는 기록을 보았을 때, 제방 근처에는 동백나무와 영산홍, 소나무가 심겨 있었음을 알 수 있다.

판석보는 1982년에 1차적으로 정비되었고, 1990년에 현재의 모습으로 수복되었다. 판석보는 일부만 훼손된 상태로 발견되었으나 보수공사를 거치며 현재와 같이 형태가 변경되었다.

세연지 일대는 전반적으로 평평한 등고를 보이고 있어 전체적인 지형과 수계는 크게 변하지 않은 것으로 판단된다. 단, 세연지 외부의 경우 보길 저수지의 완공과 더불어 하천정비사업이 진행되어, 보길 저수지와 이어지는 하천의 형태는 확장 또는 일부 변경되었을 것으로 추정된다.

## 동천석실 영역

윤선도는 부용동 안산의 산 중턱 위 석함 속에 한 칸의 정자를 지어 동천석실이라 부르고, 이곳을 수시로 방문하며 부용동 제일의 절승이라 하였다.[19] '동천(洞天)'이란 문자적 의미로는 신선 또는 은자가 사는 곳이다. 그곳은 선경과 같이 수려한 경관을 지닌 지상낙원이며, 문학작품에서는 좀 더 구체적인 공간으로 표현된다. 현실에서의 공간조성과 관련해서는 '좁은 입구를 통해서 들어가게 되면 누구나 행복한 삶을 살고 있는 곳', 지상낙원으로 묘사되었다. 즉, 전통 공간에서 발견되는 동천은 작은 이상향의 표현으로 자신만의 소우주를 형성하고자 했던 조영행위의 일환으로 해석하기도 한다.[20]

동천석실이 신선처럼 자연 경관을 소요하기 위한 공간으로 만들어졌다는 측면에서 석문(石門), 석제(石梯), 석난(石欄), 석정(石井), 석천

동천석실

(石川), 석교(石橋, 희황교), 석담(石潭) 등이 윤선도의 의도를 반영한 요소로 해석된다.

동천석실의 발굴 과정은 다음과 같다. 1981년 동천석실 터 기초조사에서 불에 타버린 와편(瓦片)이 다수 발견되어, 건물이 화재로 인해 소실된 것으로 추정하였다.[21]

이후 1990년부터 2007년까지 3회의 발굴·조사가 이루어졌다. 이 과정에서 건물지, 연지, 온돌, 축대, 계단 등 다양한 유구(遺構)가 확인되었다. 1990년 발굴·조사에서 정자와 주변 유적을 조사하였다. 동천석실의 형태에 대해서는 『보길도지』에서 구체적인 언급이 없다. 윤위가 방문했을 때는 동천석실이 이미 유실된 것으로 추정되는데, 이 발굴·조사로 초석 1개소를 발견하여 단칸의 평면임을 확인하였다. 초석 중심선 내부에 흙을 다진 흔적도 있었다. 고막이나 온돌의 유구가 노출되지 않았으므로 건물 내부는 마루였을 것으로 추정되었다.[22] 주변에서 기와가 함께 발굴되었다.

2006년 발굴된 건물지는 정면 2칸, 측면 1칸이며, 아궁이가 있는 하단과 구들이 형성된 상단으로 나뉘고 그 높이차가 280㎝이다. 이러한 건축물을 고설식(高設式) 온돌집이라고 하는데 전남지방에서는 사례를 찾기가 어렵다.[23] 고설식 온돌집은 건물의 온돌을 축조를 위해 실내 바닥면이 전체적으로 높이 들어 올려져 있어 출입을 위해 계단과 같은 물리적 시설물을 필요로 한다. 이는 조망이나 휴식의 공간으로서 조영된 것이라기보다는 교육, 강학을 비롯한 일상생활을 영위할 수 있도록 조영된 건물일 것이다. 특히 추운 시기에도 활용할 수 있는 다목적 건축 형태로 우리나라의 전통건축에서 일반적으로 사용되었으며, 경

동천석실에서 본 격자봉과 보길도 전경

동천석실 연못지

북·충북지역에 집중적으로 분포되어 있다.[24] 이 건물 형식은 윤선도가 경상북도 유배 생활에서 영향을 받은 결과인 것으로 생각된다.[25]

〈부용동 팔경〉 제5경 석실모연(石室暮烟) 편을 보면, "묵은 부뚜막엔 선약이 남아 있고 … 석실의 부엌에선 차 끓인 연기이니…"라는 묘사가 있다.

| 晚風吹海引香烟 | 바다에 부는 만풍향연을 끌어와서 |
| 散入嵯娥石室邊 | 높고 험한 산에 들어 석실 가에 흩어진다. |
| 九轉丹成餘古竈 | 묵은 **부뚜막**엔 선약이 남아 있고 |
| 一甌茶沸掬淸川 | 움켜온 맑은 물은 차 사발에 끓고 있네 |
| 石室茶廚起夕烟 | 석실의 **부엌**에선 차 끓인 연기이니 |
| 如雲如霧擁花邊 | 구름인 듯 안개인 듯 무늬져 끼고 도네 |
| 隨風欲去還留砌 | 바람에 날려가다 섬돌에 돌아 남고 |
| 輿月無端更宿川 | 달빛에 실려가서 냇물 위에 머무네 |

「부용동팔경(芙蓉洞八景)」

글에서는 부엌이 따로 있는 것으로 서술되고 있으며, 묘사된 부엌은 2006년 발견된 건물지였을 것으로 추정된다. 부용동 팔경의 묘사를 보아 이 건물은 윤선도 생전의 건물로 추정해 볼 수 있다. 하지만 『보길도지』에는 이 건물에 대한 언급이 없으므로 『보길도지』를 기록할 당시에는 건물이 이미 소실되었을 것으로 추정할 수 있다.[26]

2002년 남서쪽 연지 발굴·조사에서는 연못지, 축대, 계단, 배수로 등이 확인되었다. 연못은 자연암반을 쪼개어 조성된 것이었다. 2호 연

2006년 새로 발굴된 동천석실 부속 건물지(2008.2.17)

못지는 동쪽과 서쪽에 쪼개어 다듬은 흔적이 뚜렷하게 남아 있다. 또한 1호와 2호 사이에 삼각형의 구멍이 뚫려 있는데, 1호의 물이 담수가 되면 2호로 흘러갈 수 있도록 설치한 것으로 판단된다.

3호는 규모가 큰 연못으로 남쪽에 'ㄴ'자 형태의 축대가 있고, 직교되게 동쪽으로 축대2가 있다. 축대는 자연암반 위에 하단에 대형 괴석을 놓고 내·외벽을 쌓고, 사이에 적갈색 점토를 채워 넣어 연못물이 빠지지 않도록 하고 있다. 이러한 축조 방법은 상연지의 서벽과 하연지의 북·동벽에서 같은 양상이다. 담수된 물이 자연 배수되지 않도록 점토를 다져 넣은 것으로 추정된다.

축대1의 북쪽 상면에는 바위 사이에 13개의 평평한 괴석을 놓아 그 아래로 물이 배수되게 하고 있는데, 배수된 물은 축대2의 동쪽으로 흘러 남북 배수구로 빠져나가고 있다. 축대1에서 동쪽으로 축대2로 향하

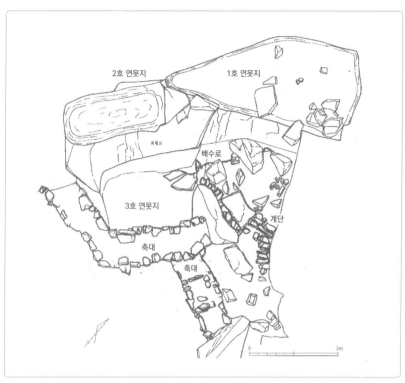

동천석실 연못지 전체 유구배치도(자료: 전남문화재연구소, 2003, 『완도 보길도 윤선도 유적』, 93쪽)

는 곳에 계단이 설치되어 있다. 계단은 자연암반과 바위 사이에 축조되어 있는데, 총 9단으로 구성되어 있다. 계단은 2열로 쌓은 형태로, 네번째 단부터 유실되고 현재는 1열만 남아있다.[27]

『보길도지』에는 동천석실 주변 모습을 다음과 같이 묘사하고 있다.

"기교하고 고괴(古怪)한 **석문(石門), 석제(石梯), 석난(石欄), 석정(石井), 석천(石泉), 석교(石橋), 석담(石潭)들은 모두가 인공을 가하지 않은 자연 그대로**이며 그

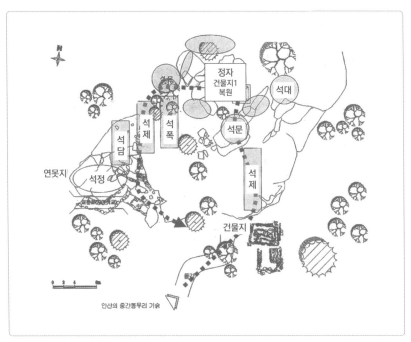

동천석실 영역에 관한 문헌기록과 발굴·조사 자료 매칭(자료: 전남문화재연구소, 2009, 완도 보길도 윤선도유적Ⅲ)

모양에 따라 이름 지어졌다. … 산허리에 이르면 갑자기 **층계가 분명한 석제(石梯)**가 있는데, 마치 사람이 축조한 것과 같다. 이 석제를 따라 올라가면 석문이 있다. 가운데는 오목하고 동이와도 같은 돌이 놓여 있으며, 겉은 깎은 듯하다. … 석실 오른쪽에는 **석대(石臺)**가 있다. **높이는 한 길 남짓**하고, 넓이는 두어 사람이 앉을 만 하다. 석대 밑에는 또 **석문**과 **석제**가 있고 석문 밖으로는 벼랑처럼 끊어진 매우 위험한 **석폭(石瀑)**이 있다. **등넝쿨**을 더위잡고 내려오면 맑게 흐르는 샘물은 아름다운 음악을 들려 주고 **단풍나무 소나무 그늘이 덮여 있는 밑에는 검푸른 이**

끼가 돋아 있으며, 물이 떨어지면서 석담을 이루고 있다. 즉 **천연적으로 이루어진 하나의 함**과 같다. **석담(石潭)가에는 석정(石井)**이 있다. **한 간쯤 되는 석정과 그 밑에는 석교가 있으니, 곧 문집(文集)에서 말하는 희황교(羲皇橋)이다.**"

– 윤위, 『보길도지』

동천석실로 들어가는 동선을 『보길도지』의 기록에 따라 정리해보면, 안산의 중간봉우리 기슭에서 출발하여 돌길-석제-석문-정자-석문-석제-희황교로 이어진다. 또한 동천석실 주변에는 소나무와 단풍나무가 있었다는 것을 알 수 있다.

동천석실은 1992년에 복원 기본계획이 수립되었고, 2008년에 지금의 모습으로 복원되었다. 건축물의 입지와 성격은 같은 시대인 조선 시대 정자 양식을 고려하였으며, 지붕 형태 역시 규모 및 성격을 고려하여 조선 시대 정자 지붕 양식인 모임지붕으로 계획하였다.

2006년 발굴된 건물지 역시 2008년에 복원되었으나, 기록에서 건물의 명칭을 찾을 수 없어 이름은 정해지지 않았다. 이 건축물은 고설식 건물로 추정되는데, 아궁이와 부엌 시설이 계획되지 않아 전체가 잘못 복원된 건물로 평가된다.[28]

### note

01 윤위의 『보길도지』의 기록을 중심으로, 전남문화재연구원의 『완도 보길도 윤선도 유적 보고서 I~III』 (2003~2009) 등의 문헌자료를 종합한 유광화(2014)의 논문을 바탕으로 작성되었다.

02 유광화, 「보길도 윤선도 원림의 보전평가에 관한 연구」, 서울시립대학교 석사학위논문, 88쪽.

03 전남문화재연구원, 2009, 『완도 보길도 윤선도유적III』, 전남문화재연구 / 김영필, 2006, 「보길도 윤선도 유적 복원을 위한 기초적 연구」, 전남문화재, 제13집.

04 완도군, 1981, 『甫吉島尹孤山遺蹟調査報告書』, 완도군.

05 유광화, 앞의 논문, 62쪽.

06 앞의 논문, 65쪽.

07 완도군, 2007, 『보길도윤선도유적 낙서재 영역 복원기본계획』, 완도군.

08 윤두서 고택에는 맞배지붕이 쓰였고 윤탁 가옥에서는 팔작지붕이 쓰였다.

09 유광화, 앞의 논문, 69쪽.

10 위의 논문, 70쪽.

11 전남문화재연구원, 2009, 앞의 책.

12 완도군, 2007, 앞의 책.

13 완도군, 1981, 앞의 책.

14 유광화, 앞의 논문, 77쪽.

15 문화재청, 2003, 「보길도윤선도유적(세연지) 정비 현지자문회의 결과 검토」 문화재위원회 자문회의 결과.

16 유광화, 앞의 논문, 78쪽.

17 문화재청, 2004, 「보길도 윤선도 유적지 정비사업 기술지도회의 결과 보고」 문화재위원회 사적분과 3차 회의 결과.

18 문화재관리국(문화재청), 1993, 『문화재수리보고서』, 문화재청.

19 윤위, 『보길도지』

20 이혁종, 2009, 「전통조경 공간에서 나타난 동천의 조영 특성」, 서울시립대학교 석사학위논문.

21 문화재관리국(문화재청), 1982, 『보길도 윤선도 유적』, 문화재관리국.

22 문화재관리국(문화재청), 1992, 『문화재수리보고서』, 문화재청.

23 전남문화재연구원, 2009, 앞의 책.

24 유근주 외, 1997, 「고설식 온돌집의 조영특성에 관한 연구」, 대한건축학회, 대한건축학회논문집, 제13권 11호.

25 유광화, 앞의 논문, 81쪽.

26 위의 논문, 82쪽.

27 전남문화재연구원, 2003, 『완도 보길도 윤선도유적』, 전남문화재연구원

28 유광화, 앞의 논문, 116쪽.

* '복원된 보길도' 챕터는 「보길도 윤선도 원림의 보전평가에 관한 연구(유광화, 2014, 석사학위논문)」의 일부를 요약기술하였으며, 저자의 저작물 사용 동의 하에 작성되었습니다.

# 다시 읽는 부용동 정원

## 보길도 기록의 이면을 살피다.

윤선도가 처음 보길도에 입도했을 때 보길도는 사람이 거의 살지 않는 공도(空島)였다. 보길도에는 선사시대의 유적이 남아있으나 고려 시대까지는 문헌 등의 기록이 남아있지 않다. 그러나 인근의 완도는 신라 시대 장보고의 근거지였던 청해진이 설치되었던 해상무역의 중심지였다. 이후 장보고의 죽음으로 청해진이 폐쇄되고 인근의 주민들은 현재의 전북 김제로 집단 강제 이주를 하게 된다. 또한 고려 시대(1270년대)에는 삼별초의 주둔과 조선 초기의 왜구출몰로 완도를 비롯한 서남해안 일대는 혼란이 가중되면서 섬에 설치했던 군현을 내륙으로 옮기는 공도(空島) 정책을 시행하고 섬으로의 이주를 금하게 되었다.[01]

1748년에 작성된 『보길도지』의 서문에 "거주하는 사람들이 적어서 벼랑 위나 암석에 의지하여 사는 주민은 수십 호에 지나지 않는다. 그러나 산새와 들짐승이 우짖는 소리가 들리고, 나무 그늘이나 풀 밑에서 자고 쉬며, 고사리도 따고 상수리와 밤을 줍기도 하면서 아침저녁으로 왕래하는 사람들은 돼지나 사슴들과 벗 삼는다."라고 기록된 것처럼, 윤선도가 처음 입도한 1637년의 보길도는 사람의 손길이 거의 닿지 않았던 섬이었다.

『보길도지』에는 윤선도의 보길도 입도에 대하여 다음과 같이 서술되어 있다.

> 충헌공(忠憲公, 윤선도의 시호)이 병자년(1636)에 근왕병을 일으켜 물길로 이곳을 떠난 뒤 수일이 안 되어 강화도가 함락되었다. 공은 생각하기를, 호남으로 급히 돌아가면 영남으로 통할 수 있을 것이고 조정의 명령도 들을 수 있을 것이라고 여겼었다. 그렇지 못하면 백이(伯夷)처럼 수양산에 들어가 고사리를 캐먹고, 기자처럼 은둔하여 거문고를 타며, 관녕처럼 목탑에 앉아 절조를 지키는 것이 나의 뜻이라 하고 급히 영광으로 돌아왔다. 그러나 남한산성 아래 삼전도에서 항복한 치욕이 있었다.
> 공은 충분(忠憤)에 복받치어 다시 육지에 오르지 않고 배를 띄워 남쪽을 향해 내려가서 탐라로 들어가려 하였다. 가는 길에 배를 보길도에 대고 수려한 봉을 바라보고는 그대로 배에서 내려 격자봉에 올랐다. 그 영숙(靈淑)한 산기(山氣)와 기절(奇絶)한 수석을 보고 탄식하기를 "하늘이 나를 기다린 것이니 이곳에 머무는 것이 족하다" 하고 그대로 살 곳으로 잡았다.
>
> – 윤위, 『보길도지』

윤선도가 보길도에 간 것이 우연이었는지 아니면 이전에 알고 있었는지에 대한 사실 여부를 판단하기 어렵다. "탐라로 가는 길에 배를 보길도에 대고 (들어갔다)"라는 정황만 파악할 수 있을 뿐이다.

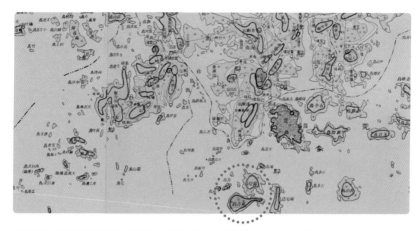

금산(붉은 실선)으로 표기된 보길도와 노화도(자료: 조선임야분포도, 1910, 일본 국립공문서기록관)

## 산림자원의 보고

조선은 산림 중 특정한 용도를 위하여 인민의 이용을 제한하는 구역을 설정하고 이를 금산(禁山)이라 불렀다. 일례로 국가에 소나무가 많이 필요해지자 1448년 '의송지지(宜松之地)'라는 명목으로 연해 지역의 소나무가 많이 자라는 곳을 금산으로 지정하여 관리하였다.

　조선의 금송·금산 정책은 조선 초기에 법제화되었다. 초기에는 서울 인근에 금산이 집중되어 있었으나, 16~17세기를 지나며 산림의 사점이 심화되고 산림자원도 점차 고갈되게 된다. 이로 인해 17~18세기에 이르러 연해·섬 지역의 선박 자재용 금산에 대한 관리가 강화되었다. 이후 산림자원 부족이 가속화되며 금송정책은 일반산림까지 확대·적용되었다.[02] 전라도 또한 여러 곳이 지정되었는데 보길도와 해남현의 백야포도 포함[03]되어 있었다.

1656년 효종은 전국의 선재장양처 인근의 염전을 혁파하라는 엄명을 내렸다. 조선 시대 소금 생산은 바닷물을 끓여 소금을 생산하는 자염방식으로 이루어졌기에 산림이 좋은 곳 인근에 만들어지는 경향이 있었다. 소나무를 보호해야 하는 곳 인근에 위치한 염전 중에는 해남 윤씨 가문의 전장인 해남의 황원, 보길이 포함되어 있었으며, 이 지역 인근의 산림을 특히 보호해야 할 의송산(宜松山)으로 꼽고 있다.[04]

금송정책으로 관리하는 소나무는 벌목할 수 없었지만, 금산은 그외의 산림자원도 풍부한 곳이었다. 활발한 해상활동을 하고 있던 윤씨 가문은 보길도와 황원면에 산림자원이 풍부했던 것을 이미 잘 알고 있었을 것이다.

『보길도지』에도 "나무로는 소나무, 가래나무, 밤나무, 산다, 유자나무, 석류나무가 있어 온 산이 늘 푸르다", "부용동에서부터 제방둑을 이르는 길 양쪽에는 장송(長松)이 울창하며", "황원포는 완연히 평담(平潭)을 이루고 있으며, 앞면 소나무 숲속에 가려져서", "단풍나무 소나무 그늘이 덮여 있는 밑에는", "송삼(松杉)이 울창하고"처럼 소나무에 관한 기록이 빈번한 것을 보면 당시 보길도에 장송이 많았던 것을 알 수 있다. 또한 윤선도의 보길도 입도 시기는 2월이었지만 "수목이 울창하여 산맥이 보이지 않았다."라는 기록이 있는 것으로 보아 기후가 온화하고 상록수가 많았음을 미루어 짐작할 수 있다.

보길도의 현재 식생을 살펴보면, 남사면에는 붉가시나무 군락이, 북사면에는 구실잣밤나무 군락이, 능선부 위에는 소사나무 군락이 분포하고 있다. 그리고 섬의 북쪽에는 대부분 곰솔 군락이 분포하고 있으며, 부용리, 부황리 부락 주변에는 동백나무 군락이 소규모로 잘 보존되어

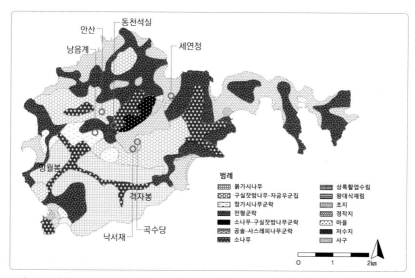

보길도 식생 현황도과 소나무 군락지(자료: 김철수 외 2인, 1989, 「보길도 식물상과 식생에 관한 식물사회학적 연구」, 연안생물연구, 6(1), 80쪽. 참고하여 필자 재작성)

있다. 그 외에는 부황리 부락 남쪽의 계곡과 능선 부위에는 가시나무 군락이, 선창리 해변가에는 까마귀쪽나무 군락이, 예송리 해변가에는 순비기나무 군락이 소규모로 분포하고 있다. 마지막으로 예송리 해변가의 상록수림은 구실잣밤나무, 메밀잣밤나무, 후박나무, 감탕나무, 참식나무, 생달나무, 보리밥나무 등과 곰솔의 혼유림으로 조성되어 있다.[05]

현재 부용동 세연정 주변 식생은 큰구슬나무, 향칠목, 팽나무, 구실잣밤나무, 참느릅나무, 예덕나무, 황칠나무, 대나무, 동백, 후박나무, 비파나무 등 난대성 상록수들로 형성되어 있다. 또한 보길도 동남쪽 예송리 앞 바닷가에는 천연기념물 제40호 상록수림이 자리 잡고 있으며, 상록수림 사이로 곰솔(해송)이 어우러져 있다.

2002년에 실시한 1차 곡수당지(曲水堂址) 발굴·조사에서는 총 7점의 목재류가 출토되었다. 수종 식별 결과 경송류 5점, 비파나무 1점, 노린재나무속 1점으로 식별되었다. 출토된 목재류는 모두 보길도 내에서 자생하고 있는 수목들이었다. 따라서 윤선도가 살았던 시대 보길도의 산림식생은 오늘날과 크게 다르지 않았을 것으로 추정된다.[06]

## 전란 이후 산림자원의 보호

금산으로 지정된 지역은 국가에서 이용을 제한하였다. 『비변사등록』 숙종 9년 3월 15일 기록에 따르면, "언제부터인지 모르겠으나, 해변·연해 30리(약 12㎞)를 경계로 일률적으로 금송하는 것이 국법이다."라는 내용이 있다. 이처럼 금산과 그 일대는 사점하기 어려운 공간이었으며 보길도 역시 윤선도가 사점하기에는 어려움이 있었을 것이다. 2007년 낙서재 영역 복원기본계획의 기록에서도 당시는 송금령(松禁令)이 있어 소나무를 베지 못하였기 때문에 잡목으로 낙서재를 지었다는 내용이 있다.[07]

그러나 16세기 이후 산림의 사적 점유가 점점 더 활발해졌으며, 양란 이후 이러한 현상은 더욱 가속화되었다. 윤선도가 보길도에 입도한 1637년 2월은 병자호란 직후로 이 시기 조선은 전후 처리에 관련된 많은 문제를 처리하기 급급하여 지방에 대한 관리가 소홀해질 수밖에 없었던 시기였다. 이러한 상황으로 인해 윤선도는 의송산의 산림을 보호한다는 명분으로 보길도에 입도하여 원림을 조성할 수 있었을 것이다.

효종 즉위 후에는 선재 재목을 확보하기 위해 강력한 금송정책이 실시되었고 이에 관련된 논의가 많이 이루어졌다.

효종은 강력한 금송명령을 내려 송금의 금령을 어기면 정속(定屬)케 하였다. 그러나 그동안 송금이 오랫동안 폐지되었기 때문에 커다란 소요를 일으켰다. '해변 각 관은 물론이고 육지 각관까지, 그리고 금산만이 아니라 집의 뒷산, 묘산 등 사양 산도 단속 대상에 포함시킴'으로써 커다란 문제를 일으켰다. 이에 금송정책 자체를 시행할 것인지 논란을 거쳐 금산의 나무만을 금하고 사양지산(私養之山)은 금하지 않도록 확정하였다.

– 『비변사등록』, 효종 원년 2월 12일

이와 관련하여 보길도 입도 19년 후인 1655년(효종 7년) 소나무 보호를 위해 섬 주민을 모두 몰아내자는 논의가 있었다. 이에 대해 윤선도는 다음과 같이 사람이 사는 것이 송금(松禁)에 이롭다는 입장의 상소를 올렸다.

송금이 지극히 엄해서, 산지기가 순찰하며 살펴볼 뿐만이 아니라, 변장(邊將)이 수토(搜討)하며 때때로 척간(擲奸)하여, 조금이라도 범하는 자가 있으면 수영(水營)에서 중하게 곤장을 가하기도 하고, 속목(贖木)을 갑절이나 징수하기도 하므로, 주민이 겁내어 벌벌 떨면서 소나무를 호랑이처럼 무서워하기 때문에, **사람이 있는 곳은 소나무가 푸르게 우거지지 않는 곳이 없습니다. 대저 그렇기 때문에 예로부터 금송하는 관원은 사람이 거주하는 것을 싫어하지 않았습니다.** 심지어 완도(莞島)와 같은 경우는 선재(船材)와 황장(黃腸)이 있는 곳일 뿐만이 아닌데도, 사면의 산기슭에 평소 인가가 많아서 연화(煙火)가 서로 바라다보이고 개와 닭의 소리가 서로 들리는 실정입니다. 그리고 소나무 가까이에 사는 주민들은 자신이 두려워하며 꺼릴 뿐만이 아니요, 남이 혹 도벌이라도 하면 자기의 병마를 물리치는 것처럼 산지기에게 급히 고발하고, 남이 혹 실수로 불을 내기라도 하면 자기 집을 구하는 것처럼 있는 힘을 다해서 불을 끄곤 합니다.

– 윤선도, 『고산유고』

윤선도는 이 상소에서 섬에 사는 백성은 그 수가 수만에 이르며, 이들은 육지에서 살지 못하여 살 방도를 찾아 섬으로 모여든 사람이라고 주장한다. 그리고 섬 안에 사람이 사는 것이 오히려 소나무 관리에 이롭다는 주장을 펼치며 거주민을 쫓아내는 것을 반대하였다. 또한 윤선도는 보길도의 소나무 관리에 관련된 다음과 같은 내용의 상소를 올렸다.

신은 보길도를 사랑합니다. 그곳은 천석(川石)의 경치가 뛰어나서 귀신이 깎고 새긴 듯하니 인간 세상에서는 볼 수가 없습니다. 그리고 맑은 기운이 모여 있어서, 눅눅하게 비린내가 풍겨 오는 때는 없고 청랭(淸冷)하게 상쾌한 날씨만 있으며, 산봉우리가 주위를 에워싸고 파도 소리가 미치지 않아 단지 산의 정취만 느낄 뿐 바다 가운데인 것은 깨닫지도 못합니다. 그래서 출입하고 왕래하며 소요(逍遙)하고 서식(棲息)한 지가 벌써 20년이나 되었는데, 그동안 좀도둑들이 몰래 베어 갔는지는 본디 다 알 수가 없습니다마는, 관인(官人)이 방자하게 송판(松板)을 사적으로 벌채한 일은 있지 않았습니다.

그래서 어떤 사람이 신에게 "그대가 여기에 온 뒤로 가사(家舍)에 모두 잡목을 쓰면서, 자기 몸만 단속한 것이 아니라 거느리는 자들도 엄히 금하였다. 그런 까닭에 영문(營門)과 진포(鎭浦)에서도 꺼리지 않음이 없어서 감히 송판(松板)을 벌채하지 못하였으니, 이는 명월(明月)이 무심하게 비추지만 도둑(偸兒)은 그 빛을

저어하고, 나의 칼이 너의 죄를 묻지 않아도 부끄러운 생각이 벌써 마음속(心肝)에 있기 때문이다."라고 말하기도 하였는데, 이에 대해서 신이 말하기를 "어찌 그렇기야 하겠는가. 영문(營門)이 나의 경내에 있어서 바다를 관장하는 자들이 하는 일을 들어서 알지 못하는 것이 없는데, 김체건(金體乾)은 무변(武弁) 중의 군자(君子)로서 훌륭한 사람이고, 윤창구(尹昌耉)는 노년에 이른 편모(偏母)가 있는데도 소나무를 베어 수기(壽器, 생전에 만들어 두는 관)를 만들지 않았고, 정집(鄭檝)은 늙은 누이의 아들이 찾아와서 수기(壽器)를 구하자 손을 내저어 물리치며 '내가 금송(禁松)하는 관원인데 어떻게 나 자신이 국금(國禁)을 범할 수 있겠는가.'라고 하였다 한다. 이것이 바로 관하(管下)가 감히 그런 생각을 내지 못하는 까닭으로, 본디 국가가 인재를 얻은 효과라고 할 것이니, 나와 무슨 관계가 있겠는가."라고 하였습니다.

신이 지난봄에 육지로 나온 뒤에 잠시 두세 명의 노복을 거기에 머물게 하여 빈집을 지키게 하였습니다. 그런데 지금 듣건대, 전일에 수영(水營)의 군관(軍官)인 오계룡(吳繼龍)이란 자가 편수이장(偏首耳匠, 도목수) 춘발(春發) 등 13명을 이끌고는, 청산도(靑山島)에서 넓은 송판(松板)을 구하였으나 얻지 못하고, 또 소안도(所安島)에서 구하였으나 얻지 못하자, 보길도(甫吉島)에 벌목하러 왔다 합니다. 그러고는 오계룡과 목수(耳匠)의 무리가 신의 노막(奴幕)에 머무르면서 13일 동안 벌취(伐取)하였는데, 그 송판이 지극히 넓고 지극히 두꺼워서 운반하기 쉽지 않자, 근방 여러 섬의 백성들을 모조리 불러다가 끌고 내려갔다 합니다.

그리고 오계룡이 말하기를 "단지 10개의 관재(棺材)로 50닢(立)만 베었을 뿐이요, 나머지는 돛으로 쓸 대나무 한 개와 노(櫓) 한 개다.……" 했다 하는데, 10개의 관재 이외에 달리 더 벤 것이 전혀 없는지 어떻게 알 수 있겠습니까. 조정(朝家)에서는 소나무 때문에 만백성의 목숨을 헤아릴 틈도 없이 바야흐로 모조리 축출하려고 호령이 산처럼 엄숙하기만 한데, 오계룡이란 자는 조금도 거리낌 없이 이처럼 제멋대로 굴었으니, 이것을 가지고 보더라도 사람을 가리지 않고서야 어떻게 금지하는 명령이 행해질 수 있겠습니까.

비언(鄙言)에 이르기를 "벽력(霹靂)의 하늘도 기만할 수 있고, 여수(女嬃)가 두들긴 다듬잇돌도 손에 넣을 수 있다."라고 하니, 하품의 사람이 하는 짓은 모두가 이와 같습니다. 그러나 관재(棺材) 10개의 송판이야 구우일모(九牛一毛)와 같으니 아까울 것이 없다고도 하겠습니다만, 백성을 가까이해야 할 관원이 백성을 해치는 정사는, 숫자로 세어서 두루 다 알 수가 없을 정도이니, 애처로운 우리 민생은 어느 곳에 호소할 수나 있겠습니까.

－ 윤선도, 『고산유고』


이를 통해 자신이 보길도에 원림을 조영한 것이 소나무 보호·관리에 도움이 된다는 입장을 피력하고 있다. 그러나 위 상소문의 "그대(윤선도)가 여기에 온 뒤로 가사에 모두 잡목을 쓰면서"라는 문구를 통해 소나무만 보호했을 뿐 잡목으로 분류되는 나무는 자원으로 사용하고 있었음을 알 수 있다.

『보길도지』에도 "나무로는 소나무, 가래나무, 밤나무, 산다, 유자나무, 석류나무가 있다."라고 기술되어 있는데, 이를 포함하여 땔감과 어염(魚鹽)에 필요한 초화류까지도 모두 조선 시대에 경제적 가치가 있는 자원이었다. 조선 시대 가래나무는 재질이 단단하고 뒤틀리지 않아 건축재나 조각재로 널리 사용되었으며, 관을 짜고 출판을 위한 판목으로도 사용되었고, 열매는 염주를 만드는 데 사용되었다. 또한 동백나무 기름은 남도의 대표적인 공물로 한양에서 수요가 많았기 때문에 매우 귀

보길도 동백나무 비보숲

하고 값비싼 자원이었다.

정약용은 나무는 소금 만들 때, 질그릇 구울 때, 나무꾼, 숯 굽는 자에게 꼭 필요한 것으로 무릇 땅에 까는 것, 물에 띄우는 것, 아궁이에 불 때는 것, 화로에 불사르는 것에 모두 나무가 사용된다고 하며 그 중요성을 강조하고 있다.[08]

보길도에는 미역섬(미득도)이라 불리는 섬이 있었던 것으로 보아, 조선 시대에 소금만큼 귀하게 취급되었던 미역[09]도 채취할 수 있었을 것으로 추정된다. 또한 『비변사등록』 효종 7년 윤5월 3일의 기록에서 '염전 혁파의 대상지'로 보길도가 언급되었던 것처럼, 보길도는 소금을 만들 수 있는 여건을 지니고 실제 소금을 생산하였던 만큼 경제적 가치가 높은 섬이었다. 이처럼 보길도의 경제적 가치가 높았다는 점은 가문을 경영하는 가주였던 윤선도가 보길도에 입도했던 중요한 이유가 될 것이다.

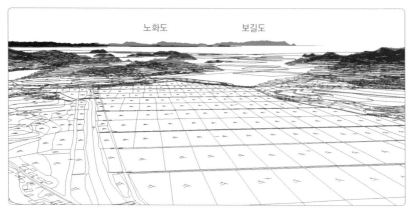

백포리 별서 뒷산에서 보이는 노화도와 보길도

## 자원의 이동과 수송을 위한 거점

백포리 일대의 간척과 포구 운영 실태를 보면 윤선도 또한 백포리와 어성포구에 자주 방문했다는 것을 추정해 볼 수 있는데, 백포리와 어성포구에서 보길도가 매우 잘 보인다는 점을 고려하면 윤선도는 이미 보길도의 지리적 위치에 대해서 잘 파악하고 있었을 것으로 추정된다.

또한 윤선도가 해로를 통해 의병을 이끌고 갔던 일, 녹우당을 옮긴 일, 진도와 노화도에 간척지를 조성한 것을 보면 해로를 잘 알고 있었을 것으로 추정된다. 『고산유고』에서 윤선도가 보길도에서 내륙지방으로 자주 이동했음을 유추해 볼 수 있는 글을 통해 윤선도가 해로를 주요 교통수단으로 이용했다는 것도 알 수 있다.

갑오년(1654) 팔월에 집안에 제사가 있어 병을 참고 육지로 나갈 계획을 세웠으나 (중략) 내가 부용동을 얻은 지 지금 열여덟 해가 되었는데 왕래한 것을 헤아릴

보길도의 송시열 글쓴바위

수 없으나 항해에 험한 바람을 만난 것이 일찍이 이와 같은 때가 없었다.

– 윤선도, 『고산유고』[10]

탐진은 강진의 옛 이름으로, 탐라로 가는 나루라는 뜻이다.[11] 조선시대에는 강진의 포구가 제주도로 가는 유일한 출발지였다. 강진에서 제주도로 가는 해로의 길목에 보길도가 위치[12]하고 있어 사람들이 제주도로 가는 중에 보길도에 종종 들렀다고 한다. 현재 보길도에서도 그 흔적을 찾아볼 수 있다. 바로 윤선도의 정적이었던 송시열이 1689년 제주도로 유배를 가던 중 풍랑을 만나 보길도에 잠시 피신했을 때의 심정을 토로한 글을 적어놓은 글쓴바위다.

해남 윤씨 가문이 해로 이용에 능숙하고, 가문의 전장인 해남 백포리와 어성포구에서 보길도가 바로 보인다는 점을 고려하면, 부용동을

노화도 간척지 전경

만들기 전에 윤선도가 보길도에 직접 방문했는지 여부를 떠나 그 존재
는 이미 알고 있었을 것으로 추정된다. 또한 조선 시대 이전부터 제주도
로 갈 때 중간기착지로 이용되던 곳이었다는 점에서 거점으로서 보길도
의 지리적 가치를 인식하고 있었을 것이다.

　해남 윤씨 가문은 해언전(海堰田) 간척과 도서 지역 경영을 통해 가
문의 부를 축적하였다.[13] 윤선도가 가주였을 시기에 윤씨 가문은 이미
화산 죽도와 맹골도를 경영하고 있었다. 윤선도는 선조 대부터 진행되
어 온 진도 굴포리와 현산 백포리의 간척지도 지속적으로 확장하고 있
었으며, 노화도 석중리와 황원면 무고리의 간척지도 새롭게 만들고 있
었다. 윤선도 대에서만 네 곳에 대규모의 간척사업이 진행 중이었다.

　조선 시대에는 보길도에서 어성포구, 현산 백포리, 진도 굴포리까지
반나절 정도의 시간이 소요되었다. 녹우당에서 어성포구까지 육로로
이동하여 어성포구부터 서남해안 일대의 전장으로 이동하는 것보다 보
길도에서 뱃길을 이용하면 시간을 줄일 수 있었다.

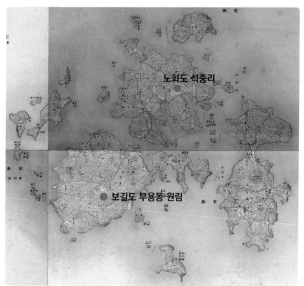

노화도 석중리 간척지 위치
(1918년 지도에 표기)

간척지 개간 과정에서 만들어진 농업저수지

현재 노화도 모습(카카오맵)

## 도서 지역의 간척

보길도는 80% 이상이 산악지대라 물이 부족하여 농사짓기에 적합하지 않았다. 반면 인접한 노화도는 간척하기 좋은 조건이었다. 산악지대인 보길도에 비해 비교적 낮은 구릉지로 이루어져 있으며, 갯벌이 넓게 발달되어 있었다. 『동국여지승람』에는 노화도에 대한 기록도 나오는데 '둘레가 40리이고 목장이 있다.'라고 기록되어 있는 것으로 보아 노화도가 생활하기 적합하여 보길도보다 많은 사람들이 거주하고 있었던 것으로 여겨진다.

윤선도는 이미 여러 번의 간척사업을 시행한 경험이 있었기 때문에 간척에 유리한 노화도를 농지로 간척하였다. 노화도의 간척으로 윤선도는 보길도에서 자급자족을 위한 식량을 확보할 수 있었으며 가문의 재산도 늘릴 수 있었다. 풍수적으로는 뛰어나지만 물이 부족해 농사짓기에 적합하지 않았던 보길도에는 거처와 원림을 만들고, 개간이 가능한 노화도의 갯벌을 농지 등으로 활용하여 보길도 생활을 뒷받침한 것이다. 즉, 노화도는 해상활동의 교두보, 생활 및 강학 공간인 부용동의 생활지원공간으로 개발된 것이다. 노화도 석중마을 곳곳에는 윤선도가 간척사업 시 직접 지휘하였다는 사실이 적힌 공사 바위와 제방 등이 남아있다.[14]

### note

01 이해준, 1990, 「보길도 지역의 역사문화 배경」, 도서문화, 8, 18-22쪽.

02 김선경, 1999, 「조선후기 산림천택 사점에 관한 연구」, 경희대학교 박사학위 논문, 192-193쪽.

03 『세종실록(世宗實錄)』 121권, 세종 30년 8월 27일(5책 96-97면).

04 『비변사등록』, 효종 7년, 윤5월 3일.

05 김철수 외 2인, 1989, 「보길도 식물상과 식생에 관한 식물사회학적 연구」, 연안생물연구소, 6(1), 65-95쪽.

06 전남문화재연구원, 2006, 「완도 보길도 윤선도유적II」, 전남문화재연구원

07 완도군, 2007, 「보길도윤선도유적 낙서재 영역 복원기본계획」, 완도군

08 정약용, 『역주 목민심서』 공전, 제 1장, 山林, 5-173쪽.

09 송하진, 1989, 「보길도 지명의 조사 연구」, 고산연구, 3, 97쪽.

10 윤선도, 이형대 외 엮음, 2004, 「국역 고산유고」, 소명출판, 232쪽.

11 기태완, 2012, 『꽃, 들여다보다』, 푸른지식, 22쪽.

12 이해준, 1990, 「보길도 지역의 역사문화배경」, 도서문화, 8, 28-29쪽.

13 정윤섭, 2008, 「16~18세기 해남윤씨가의 해언전 개발과정과 배경」, 지방사와 지방문화, 역사문화학회, 11권 1호, 111~147쪽.

14 김경옥, 1997, 「노화도의 연혁과 사회변화」, 도서문화 25집, 1-3쪽.

백포리 간척지와 갯벌

# 정원에서 발견한 윤선도의 꿈

## 삼림 자원의 감시와 관리를 위한 터잡기

윤선도는 터를 잡기 위해 격자봉에 자주 올랐는데, 『보길도지』에 "공은 암석을 더위잡고 산행하기도 했는데, 발걸음이 매우 경쾌하여 젊은 전각들도 따라가지 못했다"는 기록이 있는 것으로 보아 산행을 즐겼다는 것을 알 수 있다.

보길도 밖에서는 부용동 원림이 보이지 않지만 낙서재와 동천석실, 옥소대에서는 부용동 내부와 이를 둘러싼 산림이 잘 보인다. 격자봉에 오르면 보길도뿐만 아니라 노화도까지 볼 수 있어 전체적인 산림자원을 감시하기에 용이하였다. 또한 『보길도지』에 세연정의 정자에 앉으면 앞의 솔숲 너머로 바다가 보인다고 기록되어 있는데, 배가 들고 나는 것을 눈으로 확인할 수 있었던 것으로 보인다. 그러나 현재는 제방 앞으로 간척지와 보길초등학교가 위치하여 바다로의 시야가 잘 확보되진 않는다.

## 소금 제련을 위해 꼭 필요했던 수원, 세연지

세연지는 지금까지 위락공간으로 알려져 왔으며, 부가적인 기능으로는

격자봉에서 조망되는 부용동 원림, 장사도, 노화도

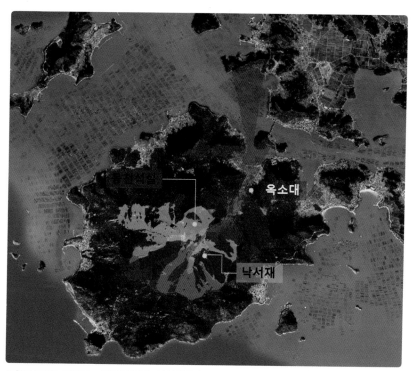

동천석실에서 조망되는 지역(붉은색), 낙서재에서 조망되는 지역(푸른색), 옥소대에서 조망되는 원림 입구지역(보라색)

동천석실에서 바라본 보길 저수지 전경

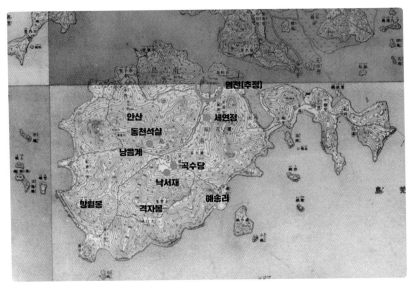

염전[추정]

안산

동천석실

세연정

낭음계

곡수당

낙서재

망혈봉

격자봉

예송리

부용동 정원의 분포와 염전(추정) 위치(1918)

보길도 지역 농사를 위한 저수지로 잘못 알려져 왔다. 보길도의 가파른 지형지세와 세연지의 위치를 고려하면 농업저수지로의 기능을 하는 것은 거의 불가능했다. 저수를 위해서라면 현재 보길도 상부에 만들어진 저수지처럼 논·밭의 상류부에 위치해야 하지만, 세연지는 보길도의 주산인 격자봉에서 흘러든 물이 바다로 빠져나가는 개울의 하류에 조성되어 있으므로 농업용수로서는 적합하지 않다.

무엇보다 조선 시대 보길도는 금산이었기 때문에 사람이 살 수도 없었고 금산 주변으로는 화전 등의 경작이 엄히 금지되었다. 보길도에는 농사를 지을 사람도 농경지도 없었다고 볼 수 있다. 윤선도 거주 시절에도 보길도가 아닌 인접한 노화도의 간척지에서 농산물을 수확하였을 가능성이 크다.

윤선도는 보길도에 염전을 만들어 소금을 생산하였는데 조선 시대는 밀물과 썰물을 이용하여 염전에 바닷물을 끌어들이고 농축시킨 뒤 그 물을 가마솥에 끓이는 자염(煮鹽)방식으로 소금을 생산하였다. 이러한 방법으로는 소금을 소량만 얻을 수 있었기 때문에, 지속적으로 소금을 생산하기 위해서는 안정적인 민물 공급과 목재 확보가 필수적이었다. 보길도의 풍부한 산림은 소금을 생산하기 좋은 조건이었으나, 민물이 부족[01]하였기 때문에 이를 지속적으로 공급해줄 시설이 필요했다.

보길도의 수계를 분석한 도면을 살펴보면, 1900년대 초에는 세연지 바로 근처로 하천이 흐르고 있었으며, 보길도 일대에서 가장 많은 물이 모이는 곳은 세연지가 있는 곳임을 확인할 수 있다. 그러므로 세연지에 연못과 보를 축조하여 제염을 위해 상시 일정량의 수량을 확보한 것이다.

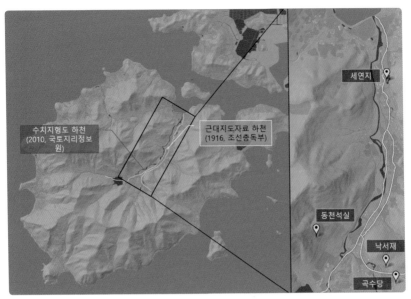

수치지형도 하천
(2010, 국토지리정보원)

근대지도자료 하천
(1916, 조선총독부)

세연지

동천석실

낙서재

곡수당

1918년과 2010년 지도에 표기된 보길도의 하천

윤선도는 수많은 간척사업을 통해 수리시설을 잘 이해하고 있었고 이를 원림에 활용하였다.[02] 물 부족과 홍수 대비 및 제염을 위하여 세연정에 다리로 사용할 수 있는 판석보를 설치해 수위를 일정하게 조절하였는데, 이러한 판석보는 간척지를 개간할 때 사용되는 보와 유사한 기능과 형태로 만들어졌다. 양쪽에 판석을 견고하게 세우고 그 안에 강회(剛灰)를 채워서 물이 새지 않게 한 다음 그 뒤에 판석으로 뚜껑돌을 덮은 형식인데, 이는 간척으로 제방(堤防), 제언(堤堰), 해언(海堰)을 만들 때 사용되는 판축(版築)공법을 응용한 것이다.

판축이란 벽체 너비에 맞게 형틀을 만든 다음 그 속에서 흙을 달구질(목봉)로 층층이 다지는 방식이다. 판축은 지역 여건에 따라 기초를

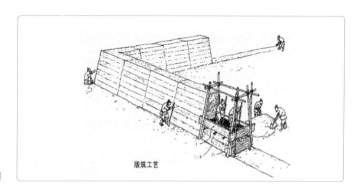

版築工艺

판축공법 예시

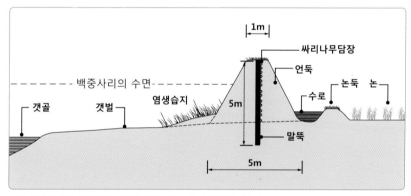

조선 시대 간척은 점진적으로 진행되었는데, 조수가 약한 염생습지에 소규모 둑을 쌓는 것을 반복하면서
점진적으로 간척지를 확대했다.(자료 : 박영한·오상한, 2004, 『조선 시대 간척지 개발』, 서울대학교출판부,
58쪽 그림을 바탕으로 필자 제작도)

돌로 쌓는 등 다양한 응용이 가능했다. 제방의 경우, 먼저 갯벌에 말뚝
을 촘촘히 박은 다음, 그 위에 잡석들로 외벽을 쌓고 그 속을 흙으로 채
우는 방식이었다. 한편 간척에 의한 토지, 즉 갯벌은 복토와 함께 연약
지반을 개량하고 2~3년에 걸쳐 염분을 제거해야만 한다. 이때 관개수

〈세연지 판석보 평면도〉

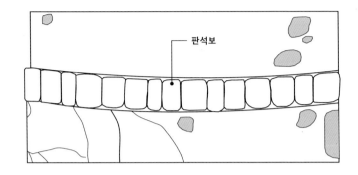

〈판석보를 통한 수위 조절〉

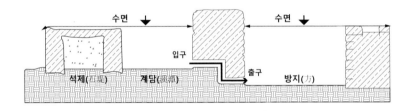

〈판석보를 통한 물의 입수와 출수〉

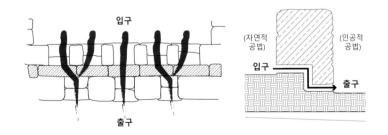

보 축조공법으로 만든 세연지의 판석보(자료: 정동오, 1986, 『한국의 정원』를 참고하여 재작도)

로로 강물이나 저수지의 물을 끌어들이기도 한다.

세연지의 판석보는 유선형으로 만들어졌는데 간척지의 제방처럼 높은 수압과 물살에도 무너지지 않도록 구조적으로 견고함을 갖추고 있다.

## 생활 및 농업용수의 확보, 곡수당의 연지

곡수당은 부용동 원림에서 가장 나중에 만들어진 지역이다. 곡수당이 만들어진 시기에는 윤선도의 가족과 제자 등 이전보다 많은 사람이 부용동에 거주하여 생활용수 확보가 중요해졌고, 이에 따라 곡수당을 건립하며 2~3m의 깊이의 대규모 저류지 겸 연못을 조성하였다.

이곳에서는 낭음계와 맞은편 골짜기의 물이 곡수대 앞에서 격자봉에서 내려온 물과 합류하여 곡수당과 무민당터를 지나서 아래로 흘러간다. 계곡류를 유도하여 곡수대에서 저류하였다가 다시 계류로 방류되는 시스템은 오늘날의 하천 유도시스템과 같은 구조[03]로 볼 수 있다. 곡수당의 입지를 살펴보면, 세연지보다 상류에 있었기 때문에 연지에서 저류된 물은 농업용수로 활용할 수 있었다.

곡수당 상지

곡수당 하지

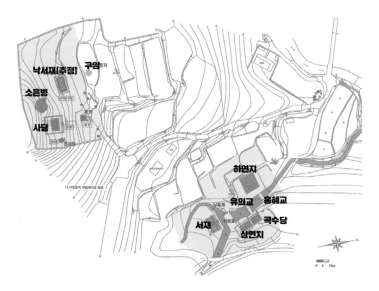

곡수당 복원도(자료: 문화재청, 2011, 「보길도 윤선도 원림 발굴보고서」)

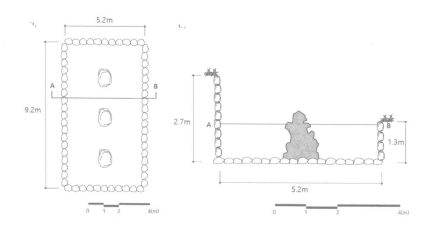

곡수당 상지 평면도와 단면도(자료 : 정동오, 1986, 「한국의 정원」 그림을 바탕으로 필자 재작도)

윤선도 말년에 보길도에는 가족과 제자들이 함께 거주하였는데, 곡수당의 연지를 통해 늘어난 사람들에게 필요한 식수를 확보할 수 있었을 것이다. 이처럼 윤선도는 도서 지역에서 필수인 식수원을 확보하기 위해 과학적으로 물을 모으고 활용하는 방식을 보여주었다.

note

01 조경만, 1990, 「보길도의 자연환경과 문화에 관한 현지작업:예송리 사례를 중심으로」, 도서문화, 8, 88쪽.
02 김종해·이행렬, 2013, 「윤선도 원림의 수공간 특성에 관한 연구:부용동 원림을 중심으로」, 휴양 및 경관계획 연구소 논문집, 7(1), 7쪽.
03 위의 논문, 7쪽.

녹우당 주변 농경지 전경

# 자연에서 부를 발견하다

윤선도는 병자호란 이후 몇 년 사이 보길도 부용동 원림을 포함하여 해남에도 금쇄동, 문소동, 수성동 원림을 조성하였다. 1638년도 9개월 동안 영덕으로 유배를 간 기간을 제외하면, 1637~1640년 사이 2년 남짓한 기간에 해남에 4개의 원림을 조성한 것이다.

해남 윤씨 가문의 종택인 녹우당에서 금쇄동 일원까지는 직선거리로 5~7㎞ 거리이다. 각 원림 간 거리도 0.7~2.7㎞로 근거리에 만들었다. 윤선도의 『금쇄동기(金鎖洞記)』에서도 "이곳으로 말하면, 세상 사람들이 귀와 눈으로 일찍이 듣지도 보지도 못한 곳이건만, 사람이 사는 경계와 멀리 떨어져 있지 않다. 그래서 거리가 나의 수정산(水晶山) 거처와는 5리도 채 되지 않고, 문소산(聞簫山) 거처와는 1리도 되지 않는다"라고 기록하고 있다.

세 개의 정원을 근접하게 만든 이유로 사색과 은거를 위한 '걷기 위한 정원'[01]이라고 해석하기도 한다. 금쇄동과 수정동에서 은둔하며 정원을 향유하고, 문소동이 그 생활을 지원하는 공간이었을 가능성을 말하기도 한다.[02] 그러나 정원을 만든 이유를 평소 꿈꿔왔던 이상향의 공

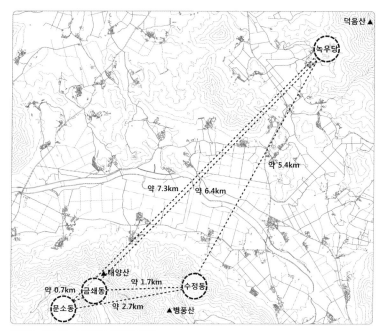

금쇄동, 문소동, 수정동의 위치와 거리

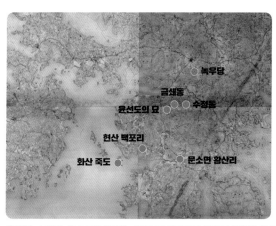

금쇄동, 수정동, 문소동과 종가(녹우당) 및 윤선도가 입안한 전장의 위치(1918년 지도에 표기)

간을 만들어 은둔하는 데서만 찾는다면 부용동과 같은 하나의 정원을 만들고 외부 활동을 줄였을 것이다. 즉, 윤선도가 단기간 내에 근거리에 원림을 4개나 조성한 이유로는 충분하지 않다.

지금부터는 윤선도가 금쇄동 일대의 3개의 원림을 금쇄동 원림 권역으로 보고, 원림을 조성한 연유를 알아보고자 한다. 이를 위해 앞서 다룬 조선 후기 토지 제도, 해남 윤씨 가문과 윤선도의 행위를 중심으로 정원의 입지와 필요성을 다시 살펴보고자 한다.

## 음택 풍수명당의 선점을 위한 정원조성

현재 문소동은 남아있는 유적과 기록이 없어 현재의 금쇄동 올라가는 길 중턱에 있는 윤씨 가문의 제각(무심재)을 넘어가는 고개 근처로 추측[03]하고 있다. 그런데 『고산연보』에 문소동의 위치를 추정해 볼 수 있는 글귀가 있다.

> "효자 인미(仁美)가 고산의 관을 모시고 보길도에서 나왔다. 부인의 묘도 옮겨서 공의 옛 거처였던 문소동에 합장하니 사(巳)좌에 해(亥)향의 산언덕이다. 이는 공의 유언을 따른 것이다."
> 1671년 9월 22일 고산조께서 생전에 이미 정하신 문소동 금쇄산성하 묘소에 묻히셨다. (광양군의 백운산 아래에도 묘소를 정하셨으나 당시의 치열한 당쟁에 비추어 이곳은 장차 자손이 많은 화를 입어 자손이 번성치 못할 것을 염려하시어 해남 문소동의 금쇄산성하에 묘를 쓰도록 유언하셨다.)
> — 윤선도, 『고산연보』

윤선도 제각(현재 문소동으로 추정되는 곳 인근에 윤선도 제각이 위치해 있다.)

　　윤선도는 사후 자신이 묻힐 풍수길지를 골라 미리 유언했고 자손들
이 그에 따라 합장하였는데 그곳이 바로 문소동이라는 것이다. 그러므
로 문소동의 위치는 현재의 윤선도 묘지가 있는 금쇄동 아래 지역 일대
로 추정해 볼 수 있다.

　　윤선도가 문소동을 묏자리로 택해놓았다는 사실에서 원림 중심부
에 대규모 건축물이나 원림시설을 조성하지 않았을 것임을 미루어 짐
작해 볼 수 있다. 사대부의 선영경관은 묘지, 묘표(墓表)뿐만 아니라 주
변을 둘러싼 송추까지를 포함하므로, 묘지로 내정한 곳 일대는 선영경
관의 유지를 위해 영역 확보와 산림 관리를 우선하여 대규모 건축물과

원림시설은 설치하지 않았다. 그러나 문소동을 '공의 옛 거처'로 기술하고 있는 것으로 보아 묘지에서 일정 거리 떨어진 곳에 선영경관을 훼손하지 않는 수준의 주거공간이 있었으리라 추정된다.

조선 시대 양반들의 산림 점유는 입안과 분묘의 금양으로 이루어졌는데, 입안은 주로 경작지와 인접한 산림지역을 대상으로 하였으며 분묘를 쓰는 것은 깊은 골짜기를 대상으로 하였다. 윤선도가 못자리를 정한 것은 1639년으로 이후 30여 년간 이곳에 대한 점유권을 유지해야 했었는데, 살아있는 윤선도가 분묘를 통해 권리를 획득하기는 어려웠다. 그러므로 자신의 사후 실제로 묘를 쓰기 전까지 배타적인 점유권을 획득할 방법이 필요했으리라 생각된다. 이와 같은 문제의 해결책으로 윤선도는 이곳을 문소동이라 명명하여 사적 공간으로 인식하도록 유도한 것으로 볼 수 있다.

결론적으로, 윤선도는 문소동을 미래지향적인 풍수명당으로 여겼다. 이곳에 자신의 묘를 쓴다면 자손 대대로 번창할 수 있을 것으로 생각하였다. 그의 사후 묘지로서 낙점한 곳을 생전에 지키기 위해 그 일대를 정원으로 만든 것이다. 그리고 이를 통해 자신의 죽음 전까지 사산국내(四山局內)의 영역성을 지키고 풍수명당으로서의 지형·지세를 유지하고자 한 것으로 여겨진다.

## 사산국내의 영역성 확보, 금쇄동과 수정동

수정동은 해남 현산면 구시리 계곡에 위치해 있다. 윤선도는 이곳에 있는 8m 높이의 병풍바위를 수정암이라 명명하고, 이곳 상부에 장방형의 연못에 물을 모았다가 수정암에서 폭포처럼 떨어지게 하였다. 그 앞에

수정동 원림 유구 현황도(자료: 성종상, 2003, 「조경설계에 있어서 '생태-문화'
통합적 접근에 관한 연구」, 78쪽)

수정동의 수정암과 인소정 터 전경

인소정(人笑亭)을 짓고 달과 폭포를 감상하였다 전해진다.[04] 학계에서는 윤선도의 「산중신곡(山中新曲)」의 '뛰집'을 수정동의 인소동이라 추정하기도 한다.[05]

> 산수 간(山水間) 바회 아래 뛰집을 짓노라 ᄒᆞ니
> 그 모론 ᄂᆞᆷ들은 웃는다 ᄒᆞᆫ다마ᄂᆞᆫ
> 어리고 햐암[06]의 뜻에는 내 분인가 ᄒᆞ노라
> – 윤선도, 『산중신곡』 제1수 만흥(漫興)

수정동은 문소동과 같은 시기인 1639년에 지어졌으며 금쇄동은 이듬해인 1640년에 만들기 시작하였다. 윤선도가 자신의 묫자리를 찾으러 일대를 돌아다니다가 문소동을 묫자리로 택하고, 아름다운 풍경의 수정동에는 원림을 조성한 것으로 보이며, 수정동은 은거와 문소동을 타인의 침범으로부터 보호하기 위해 조성되었다고 볼 수 있다.

수정동에 이어 지은 금쇄동 또한 풍수길지에 지어진 아름다운 풍경을 지닌 정원으로 알려져 있다. 금쇄동은 산 정상부에 있으며, 정원 유적은 그 일대에 넓게 분포되어 있다.

금쇄동(金鎖洞)은 문소동(聞簫洞)의 동쪽 제일봉(第一峯) 위에 있다. 그 높이로 말하면 참으로 해와 달을 옆에 끼고 비바람 치는 곳을 아래로 굽어볼 수가 있고, 동천(洞天, 신선이 사는 곳, 하늘에 닿음)은 요랑(寥朗, 밝은 하늘)하면서도 안개가 그윽이 피어오르며, 천석(泉石)은 괴상하고 특이하면서도 귀엽게 아양을 부린다.

금쇄동 위쪽 산성의 흔적

산의 후면(後面)은 조금씩 점진적으로 상승하여 그다지 험준하지는 않으나 아득히 멀고 멀어서 인적이 드물게 이르는 곳이다. 그 골짜기 입구는 동쪽으로 객점 가는 길(店路)을 향하고 있으며 형세가 매우 험준하고 급박하다. 그래서 그 아래로 왕래하는 자는 붉은 단애(斷崖)와 푸른 절벽이 우뚝 공중에 떠올라서 여름 구름마냥 기이한 봉우리와 저녁놀이 뒤덮인 중첩한 산 같은 것만 볼 뿐이요, 거기에 이런 골짜기가 있는 것은 알지 못한다.

－윤선도, 『금쇄동기』[07]

윤선도는 54세 되던 해, 금쇄 석궤(金鎖錫櫃)를 얻는 꿈을 꾸면서 이곳에 정원을 만들었다고 말한다.[08] 윤선도는 이곳에서 회심당, 휘수정 등을 지었으며, 연못에서 연꽃과 동물을 기르기도 했다.[09]

귀신이 다듬고 하늘이 감춰온 이곳, 그 누가 선경인 줄을 알까
깎아지르나니 신선굴이요, 에워 두르나니 산과 바다로다

뛰는 토끼, 나는 가마귀 산봉우리 넘나들고

올라와 보니 전날 밤의 꿈과 같음을 알겠구나

옥황상제께서 무슨 공으로 내게 석궤(石櫃)를 주시는고

　　– 윤선도, 〈초득금쇄동(初得金鎖洞)〉


위 시에서 등장하는 석궤란 금쇄동 정상부 위쪽에 작은 협곡을 따라 만들어진 1.5㎞ 정도의 산성이다. 산성 안쪽으로는 넓은 분지가 있다. 유형원의 『동국여지지(東國輿地志)』에서 이 산성이 잠시 언급되고 있으며, 그 축조 연대와 연혁은 찾을 수 없다. 이 산성은 금쇄동 조성 전부터 존재하고 있었으며, 윤선도는 산성의 유구를 이용하여 금쇄동을 만들고, 산성은 금쇄 석궤라 명명하였다.


금쇄동은 해남현의 남쪽 25리 지점에 있다. 산세는 면곡(面曲)하고 험령(險嶺)을 넘으면 그 위에 고성(古城) 터가 있다. 인조 때 현사람 윤선도가 산의 높은 곳을 금쇄라고 이름지었다.

　　– 유형원, 『동국여지지』


금쇄동이 있는 곳에서는 해남읍이 보이고, 산 바로 아래에는 해남 윤씨 가문이 자주 이용하는 포구였던 해창만이 있다. 또한 금쇄동의 월출암에서는 윤씨 가문의 본가인 녹우당 일대가 보인다. 『금쇄동기』에는 녹우당에서의 생활 모습을 본 것으로 추정되는 글귀가 있으며, 전하는 이야기로는 월출암에서 깃발이나 연기를 통해 녹우당과 연락을 했다고 한다.

금쇄동 전경과 정원 유적

> 북쪽 창문을 열어 제치면 고향 산(덕음산)이 눈앞에 들어오고 친척들의 밥 짓는
> 연기가 똑똑히 보이니 비록 가사(家事)를 잊고 궁벽한 오지에서 어른을 공경하는
> 상제(桑梯)의 경(敬)을 잊을 수 없다.
> – 윤선도, 『금쇄동기』

그러나 금쇄동을 문소동과의 관계 속에서 살펴보면, 수정동과 유사한 맥락에서 이해할 수 있다. 문소동의 권리를 획득하기 위해서는 외부인의 사산국내 침입을 막고 송추를 제대로 관리해야 했기 때문에 관리와 감시를 소홀히 할 수가 없었다. 그러므로 자신이 죽기 전까지 문소동에 대한 점유를 확실히 하기 위해 인접한 곳에 원림을 조성하고 머물며 일대의 영역에 대한 사적 점유를 강화하고자 한 시도로 볼 수 있다. 문소동을 중심에 두고 금쇄동과 수정동을 인접하게 하여 영역을 확보한 것이다. 윤선도는 이후 8년 동안 금쇄동 원림 권역에 머무른다. 이 기간

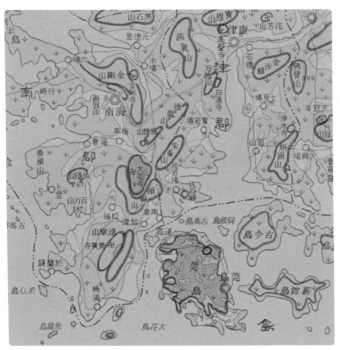
해남 일대의 금산과 봉산(자료: 조선임야분포도, 1910, 일본 국립공문서기록관)

동안 산림의 점유를 공고히 한 후 보길도 부용동 원림으로 거주지를 옮긴 것으로 보인다.

### 산림자원의 확보

윤선도가 금쇄동 등의 정원을 조성한 산 일대는 해안에서 12㎞ 이내에 있어, 금송정책에 의해 소나무를 보호하던 지역이기도 하다. 해남 윤씨 가문이 가장 중요하게 여겼던 전장인 백포항 일대는 보길도와 더불어 금송 지역으로 지정된 곳[10]이었는데, 바꿔 말하면 벌채가 금지된 수목 외에 활용할 수 있는 우수한 산림자원을 보유하고 있는 지역이었다.

해남 윤씨 가문은 선박건조 후 대여세를 받기도 하였고, 경제적 가치가 높았던 제염 활동 또한 활발히 진행하였다. 백포 간척지 일대에는 염전이 있었으므로[11], 안정적으로 땔감을 수급할 수 있는 양질의 산림이 필요했다.

금쇄동 원림 권역 또한 보길도와 마찬가지로 산림자원이 풍부한 지역이었다. 이 지역에 원림을 조성한 데에는 산림을 점유하고 경제활동에 필요한 양질의 산림을 획득하는 것도 중요한 목적이었을 것이다.

### note

01 성종상, 2015, 「『금쇄동기』로 본 고산 윤선도원림 미학: 걷기에 의한 동적 체험구도를 중심으로」, 제2회 정원학심포지엄 자료집, 한국조경학회, 23-24쪽.

02 성종상, 2003, 「조경설계에 있어서 '생태-문화' 통합적 접근에 관한 연구-고산 윤선도 원림을 중심으로」, 서울대학교 박사학위논문.

03 성종상, 2010, 『고산 윤선도 원림을 읽다』, 나무도시, 52쪽.

04 한국건축문화연구소, 1999, 『윤선도유적 현산고성 학술연구보고서』, 해남군청

05 성종상, 2010, 앞의 책, 43쪽.

06 시골에 사는 견문이 좁고 어리석은 사람을 뜻하는 말로, 윤선도가 산중의 정원에 사는 자신을 낮추어 지칭하고 있다.

07 녹우당문화예술재단 홈페이지, http://www.nokwoo.co.kr/

08 윤선도, 『고산유고』

09 윤선도, 『고산유고』

10 『비변사등록』, 효종 7년 윤5월 3일.

11 『비변사등록』, 효종 7년 윤5월 3일.

# 정원으로 경영을 시작하다

# 해상 경영의 출발점

**보길도의 산을 걸으며, 해양과 삼림을 경영하다.**

윤선도는 보길도 인근의 완도, 노화도, 석중리를 비롯하여 해남 현산면 백포리, 문소면 황산리, 황원면 무고리, 진도 임회면 굴포리 등을 입안하여 간척지로 개간하였다. 이들 지역은 모두 해안에 위치하고 있어 보길도에서 뱃길로 이동과 접근이 용이한 지역이다. 조선 시대 남해 바닷길의 중간기착지였던 보길도는 개간 중인 간척지 및 도서 지역으로 이동하기 위한 지리적 장점을 갖춘 곳이었다.

조선 시대 토지 제도에 따르면 윤선도가 금산이었던 보길도에 정원을 만들고 거주하는 것은 사회적으로 허락받지 못한 행위였다. 그런데도 윤선도는 병자호란 직후 금산 관리라는 명분을 앞세워 보길도에 거주한다. 이러한 행위의 배경에는 원림 조성을 통해 경제가치를 지닌 자원을 획득하고 주변 지역의 전장 관리를 위해 이동이 편리한 지리적 요충지를 확보하려는 사회·경제적 목적이 있었다.

보길도의 분지형 지형은 외부에서 내부가 잘 보이지 않는 구조이다. 그러나 낙서재와 동천석실 및 승룡대, 옥소대와 같은 높은 지대에서는 부용동 내부와 이를 둘러싼 산림이 잘 보인다.

윤선도는 보길도에서도 산 능선을 따라 산행하기를 즐겼다고 한다. 원림의 경계를 둘러싸고 있는 산을 따라 걸으면 보길도 내부가 모두 시야에 들어온다. 또한, 가까운 노화도뿐 아니라 제주도를 비롯하여 해남 윤씨 가문의 전장이 있는 해남 백포리와 진도 굴포리 일대도 잘 보인다. 『보길도지』에 세연정의 정자에 앉으면 앞의 솔숲 너머로 바다가 보인다고 기록되어 있는데, 현재는 수목이 무성하여 보이지 않지만, 그 시절에는 바다로 전망이 열려있어 배가 들고 나는 것을 눈으로 확인할 수 있었던 것으로 보인다.

옥소대에서 조망되는 보길도 포구와 노화도 전경

세연지와 세연정

동천석실에서 바라본 부용동 내부 전경, 부용동을 둘러싼 산림이 매우 잘 보인다.

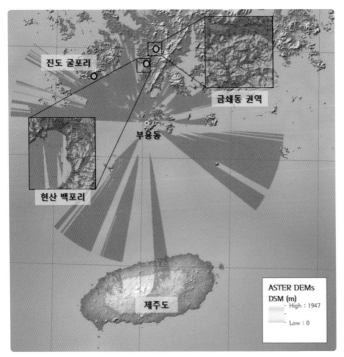

보길도의 북쪽 능선에서 조망되는 제주도, 금쇄동과 굴포리 간척지 및 포구 일대와 현산 백포리 간척지

　　윤선도는 격자봉과 주변 봉우리를 산행하는 행위를 통해 보길도 내·외부를 조망함으로써 산림자원을 보호하는 한편, 배가 드나드는 해양 활동을 살핌으로써 가문의 전장을 경영한 것이다. 이를 통해 윤선도가 보길도에 정원을 만든 데는 서남해안 일대에 넓게 펼쳐진 가문의 전장 관리와 해양경영이라는 목적이 있었음을 짐작해 볼 수 있다.

## 금쇄동 일원을 걸으며, 가문의 토지를 관리하다.

해남 금쇄동과 수정동의 공간 구조도 부용동 정원과 유사하다. 외부에서 내부가 보이지 않지만, 내부에서는 외부가 잘 보이는 지형을 이용하여 정원을 만들었다. 특히 금쇄동이 있는 곳은 고려 시대부터 있었던 것으로 추정되는 산성이 있던 곳이다. 이곳에서는 해남읍이 잘 보이고, 산 바로 아래에 해창만이 있어 조선 시대 이전에도 지리적으로도 중요한 곳이었음을 짐작해 볼 수 있다.

금쇄동 원림 권역은 해남 윤씨 가문의 종가인 녹우당과 근거리에 위치하고, 원림이 있는 산 일대를 가문 소유의 농경지가 둘러싸고 있다. 금쇄동 원림 권역은 가문에서 가장 중요하게 관리한 경작지인 현산면 백포리를 비롯한 여러 전장의 지리적 중심에 위치한다.

윤씨 가문의 활발한 해상 활동을 가능하게 해주었던 해창만과 어성 포구 또한 금쇄동에 바로 인접해있다. 따라서 금쇄동에서는 가까운 포구를 통해 부용동 정원, 서남해안에 경영하던 전장 및 도서 지역으로 빠르게 이동할 수 있었다.

금쇄동 일원에서 가문의 영향력을 키워야만 했던 이유를 정원의 조성과 관련해서 살펴보자. 윤선도는 풍수길지인 문소동을 그가 사후에 묻힐 묫자리로 선택하였다. 그러나 그 후 그가 죽음에 이르기까지 30여 년의 시간 동안 그는 자신이 선택한 풍수길지를 지켜야만 했다. 공유지였던 산림을 분묘를 통해 점유하고 지속적으로 권리를 행사하기 위해서는 점유한 곳을 타인의 침입으로부터 지켜야만 가능했다. 이를 위해 윤선도는 묫자리로 택한 곳을 문소동으로 명명하고, 근처에 금쇄동과 수정동 원림을 만들었다. 그리고 그곳에서 머무르며 일대를 관리하였으

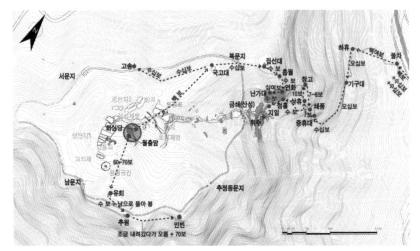

금쇄동 원림 공간배치와 『금쇄동기』에 기술된 방위 및 발걸음에 근거한 경물 위치(자료: 성종상, 2015, 『금쇄동기로 본 고산 윤선도원림 미학』, 28쪽)

금쇄동에서 보이는 보길도 영역(6부 능선 이상)

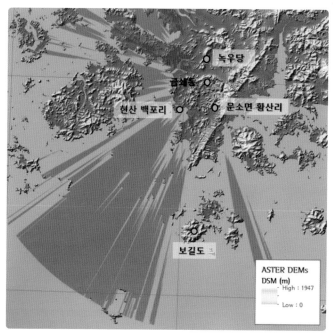

금쇄동에서 가시되는 보길도와 백포리 간척지, 녹우당, 문소면 황산리

며, 이를 통해 궁극적으로 해남 윤씨 가문이 권리를 행사할 수 있도록 영향력을 유지하고자 하였을 것이다.

윤선도는 매일 금쇄동, 문소동, 수정동을 산책했다고 한다.[01] 3개의 원림은 계곡에 조영되어 있었기 때문에 상부에서 아래까지 원림 내부가 잘 조망되며, 산 능선과 금쇄동 주위의 산성인 현산고성(懸山固城)을 산책하면서 능선 외부의 산림자원과 농경지의 경작을 감시·관리할 수도 있었다. 그러므로 윤선도의 산책에는 산림자원과 풍수길지의 점유를 위해 금쇄동 일원을 감시·관리하려는 실질적인 목적이 내재되어 있었을

것이다.[02]

더불어 금쇄동에서 윤선도가 산책을 즐겼던 경로에서 멀리 바라보면, 보길도를 비롯하여 금쇄동 주변에 분포한 가문의 전장 및 인접한 포구까지 아주 잘 보인다. 금쇄동의 지형을 살펴보면, 금쇄동이 위치한 곳은 계곡에서 가장 높은 곳이다. 금쇄동 정상의 주변부에서는 주변의 농경지와 해창만 및 어성포구 일대와 이곳을 들고 나는 선박도 매우 잘 보인다. 금쇄동의 입지와 공간구성은 부용동과 유사한데, 이를 통해 윤선도가 정원을 만들고 그 일대를 걷는 행위에는 자신의 영역을 감시·감독하며, 가문의 전장을 관리하고 경영하려는 목적이 있었음을 짐작해 볼 수 있다.[03]

note

01 성종상, 2003, 「조경설계에 있어서 '생태-문화' 통합적 접근에 관한 연구-고산 윤선도 원림을 중심으로」, 서울대학교 박사학위논문, 105-106쪽.
02 이승희, 2015, 「고산 윤선도 원림 권역의 문화경관적 해석과 가치」, 서울시립대학교 박사학위논문, 91쪽.
03 위의 논문, 91쪽.

# 실천된 이상향, 윤선도의 창조적 경영

## 사회적 공동체로서의 이상향

지금까지 윤선도의 정원은 미학적 측면에서 전통적인 무릉도원으로서 도교와 은일(隱逸) 공간으로서의 이상향을 추구한 공간으로만 해석되어 왔다.[01] 그러나 윤선도가 만든 원림을 그가 살았던 시대의 사회·경제적 관점에서 바라보면, 광역적 원림 권역을 만들고 그곳을 관리하며 주변을 경영한 것을 알 수 있다. 원림 권역과 경제생활의 밀접한 관련성을 볼 때, 윤선도는 원림 권역을 사회공동체의 삶의 터전으로 인식하였으며, 이를 통해 사회적 이상향을 실현하고자 한 것으로 해석할 수 있다.[02]

사회적 측면의 이상향은 동시대 영국에서 1516년 제창된 토머스 모어(Thomas More, 1478~1535)의 '유토피아(Utopia)' 사상이 영국, 프랑스, 미국을 비롯한 서구권에서 실현되었던 것과 맥을 같이 한다.[03] 또한 한국에서도 윤선도 이전에는 허균(1569~1618)의 소설 『홍길동전(洪吉童傳)』에 묘사된 '율도국(栗島國)', 윤선도 이후에는 실학자 이중환(1690~1756)의 『택리지(擇里志)』에 묘사된 '비지지지(非地之地)' 등에서 사회·경제적 공동체를 제시한 것과도 관련이 있다.

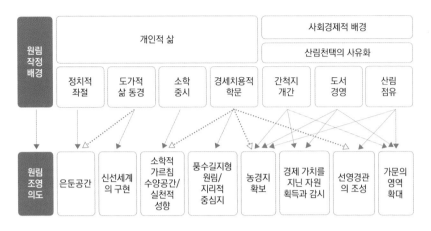

윤선도의 원림 작정 배경과 의도

　이중환은 '가거지(살만한 곳)'의 입지조건으로 지리, 생리, 인심, 산수의 네 가지를 들고 있다. 네 가지 조건에서 하나라도 모자라면 살기 좋은 곳이 되지 못한다고 하였다. 여기에서의 지리는 풍수설에 의한 입지를 뜻하며, 생리는 인간 생활에 필요한 경제적 안정을 누릴 수 있는 곳으로 기름진 땅과 물자의 활발한 교역(交易)과 수운(水運)이 가능한 지역을 중요한 조건으로 들었다. 인심에 대해서는 주로 당쟁의 폐해를 집중적으로 설명하고 있으며, 가장 마지막으로 수려한 산수를 들고 있다.

　그러나 이들 장소는 소설이나 이론서에서 제시된 일종의 허구적 모형으로 현실 세계에서 실현되지는 못하였다. 이중환은 스스로가 생각하는 사회적 이상향을 '이 땅에는 없는 땅(非地之地)'이라고 했다. 그러나 윤선도의 활동을 보면, 그가 소유했던 해남 본가 주변의 섬과 바다, 육지의 권역에 '사회·경제적 공동체로서의 이상향'을 부분적으로 실현

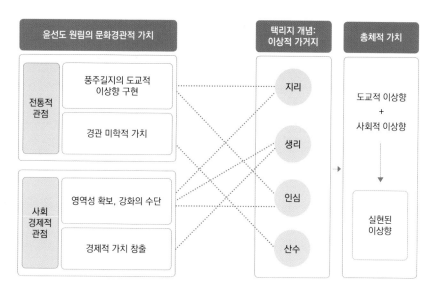

실현된 이상향으로서의 윤선도 정원 해석

한 측면이 있다.[04]

경관미학적 이상향의 관점에서 윤선도의 정원은 풍수길지이자 아름다운 도교적 이상향이며, 이중환의 '가거지'의 지리, 인심, 산수 조건을 충족한다. 사회·경제적 측면에서 윤선도는 정원과 서남해안 일대의 광활한 전장을 경영하며 경제적 가치를 창출하고, 가문의 영역성을 확대한 사회적 이상향을 현실에 구현하였다. 이중환의 '가거지' 조건에 비추어 보면, 지리, 생리, 인심의 조건에 해당한다.

종합하면, 윤선도가 만든 정원과 이를 통해 이루어진 행위는 도교적 이상향과 사회적 이상향의 조건을 모두 충족하고 있어 '사회·경제적 공동체'로서의 이상향의 조건을 충족한다.

## 정원을 통한 사회적 이상향 실천 행위

해남 윤씨 종가는 정치·사회적으로 높은 위상을 지니고 있는 가문이기도 하지만 드넓은 경작지의 소유를 통한 막강한 경제력을 가지고 일대를 경영해왔다. 일반적인 사대부 가문과 달리 섬지역을 기반으로 한 윤씨 가문은 적극적으로 해양을 개척하였다.[05] 윤씨 가문은 토지를 확장하기 위해 그 시대의 토지에 대한 제도와 통념을 적극적으로 활용하였다. 주로 토지의 매입과 입안을 활용한 간척지 개간을 통해 이루어졌으며, 분묘의 금양을 통해 산림자원을 확보하고. 도서 경영을 비롯한 해상활동에도 적극적으로 뛰어들었다. 윤선도 또한 서남해안 일대에 입안을 통해 새로운 토지를 간척하고, 섬을 경영하는 등 지속적으로 가문의 전장을 확대하고 경영하였다.

육지뿐 아니라 넓은 해상까지 퍼져있던 윤씨 가문의 전장을 효율적으로 경영하고, 점유한 지역에 대한 영향력을 강화·확대하기 위하여 원림을 다른 성격의 주변 지역과 연계되도록 하였다. 금쇄동 원림 권역처럼 여러 개의 원림을 연결하여 하나의 원림 권역으로 만들거나, '묘지-원림-농경지'와 같이 권리를 중첩하여 영역을 확장하였다. 이를 통해 가문이 점유한 해남 지역에 대한 영향력을 강화하고 오래도록 가문의 전장으로 관리할 수 있었다.

금쇄동 원림 권역이 내륙지방의 전장 관리를 위한 전략적 요충지였다면, 부용동 권역은 서남해안 경영을 위한 전략적 요충지였다. 보길도는 서남해안 해상 이동의 중간기착지로, 서남해안 어느 곳으로든 쉽게 이동할 수 있는 최적의 위치이다. 윤선도는 '원림-바다-도서 및 해안가의 간척지'라는 성격이 다른 공간의 중첩을 통해 해상에서의 영향력을

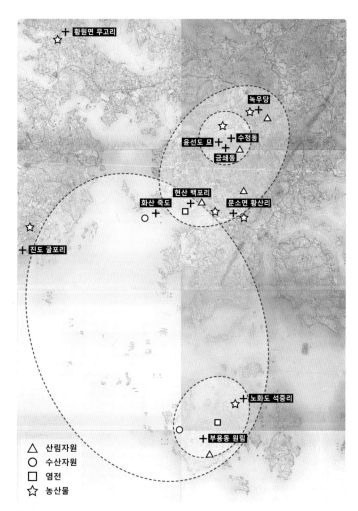

황원면 무고리

녹우당

윤선도 묘 수정동
금쇄동

현산 백포리
화산 죽도 문소면 황산리

진도 굴포리

노화도 석중리

부용동 원림

△ 산림자원
○ 수산자원
□ 염전
☆ 농산물

윤선도가 만든 정원 권역에서 산출되는 경제자원과 영역성 강화하였고, 서남해안 일대에 흩어져 있는 전장을 관리하였다.

이처럼 윤선도는 가문의 전장 경영, 지리와 해양, 자원에 대한 완벽한 이해를 바탕으로 가문의 경작지를 간척하고 관리하기 위한 최적의 장소에 원림들을 조성하였다. 즉, 사회·경제적 맥락 속에서 원림은 가문의 전장을 관리하고 경영하기 위한 전략적 거점이자 생산활동의 기반시설이었다.[06] 그리고 이렇게 만든 정원에서 그는 자신이 꿈꿔왔던 이상향으로서 금쇄동과 부용동 원림을 꾸몄고, 유학자로서 소학을 실천하는 공간으로 삼아 노래와 시를 지으며 정원을 향유하였다. 윤선도가 만든 정원은 그 입지와 목적에 있어 도교적 이상향과 사회적 이상향의 조건을 모두 충족하고 있다.

note

01 김한배, 2012, 「조선 시대 산수화의 경관관이 원림양식에 미친 영향」, 한국조경학회지, 40(2), 49-63쪽.

02 이승희, 2015, 「고산 윤선도 원림 권역의 문화경관적 해석과 가치」, 서울시립대학교 박사학위논문, 99-101쪽.

03 이규목, 1992, 『도시와 상징』, 일지사, 162쪽.

04 이승희, 2015, 앞의 논문, 100쪽.

05 정윤섭, 2012, 『해남윤씨가의 간척과 도서경영』, 민속원, 56~129쪽. / 한도현, 「해양 개척자, 해남윤씨」, 『녹우당에서 고산을 그리다』, 한국학중앙연구원출판부, 319-345쪽.

06 이태겸·박성현, 2019, 「문화경관으로서의 섬문화유산 해석을 위한 시론적 연구 - 보길도 윤선도 원림 및 관련 해남윤씨가 유산을 중심으로」, 도서문화, 53, 162-163쪽.

동천석실 영역의 석지

# 디벨로퍼 윤선도를 만나다

18세기 영국의 풍경식 정원은 인클로저법(Encloser Act)을 통한 토지의 사유화와 지주계급의 정치력 강화 과정과 밀접한 관련이 있다. 인클로저법은 16세기 영국에서 모직물 공업이 발달하면서 양털값이 폭등하자 지주들이 농경지를 목장으로 만들기 위해 발의한 것이다. 이로써 소작농을 쫓아내고 목장을 넓히는 강제적인 제도가 시행되었고, 그 결과 오늘날 우리가 알고 있는 아름다운 정원들이 만들어지는 계기가 되었다.

오늘날 아름답고 순수한 은둔의 공간으로 찬사를 받는 윤선도의 보길도 정원도 경제적 이유를 빼놓고는 설명하기 어려운 현실의 공간이 분명하다. 이제는 그 시대에 살았던 사람들의 공간이자 실천의 장소로써 옛 정원을 다시 살펴볼 필요가 있다.

필자는 윤선도의 행적을 따라가면서 어쩌면 그의 욕망을 찾고 싶었는지도 모른다. 그가 올랐던 산을 오르고 배를 타고 섬을 돌았다. 역사적 사실과 그의 행적을 중심으로 보길도와 해남 지역에 펼쳐진 그의 큰 그림을 상상했다. 조경가 윤선도가 아닌 개발자 윤선도가 보는 시각으로 하나의 아름다운 정원이 아니라, 정원과 간척지, 산업과 물류, 개발과 관리 같은 경제적으로 연관된 키워드를 쫓았다. 실질적인 통계자료와 경제적 성과가 남아있지 않아서 섣불리 단정 지을 수는 없겠지만, 역사적인 사실 이면에 비치는 윤선도의 계획은 혁신적이었으며 성공적이었다. 특히 공간에 대한 감각이 누구보다 뛰어났던 윤선도가 장소의 가치를 발견하고 연결하며 확장시키는 일련의 과정은 지금의 디벨로퍼가 제안하는 개발의 과정으로도 손색이 없어 보인다.

윤선도의 정원을 기록하고 분석하며 점차 알게 된 윤선도와 해남 윤씨 가문의 사업 이야기는 건축과 조경에서 마을과 지역으로 확대되는 연구의 변화를 이끌었다. 오늘날 유능한 디벨로퍼처럼 치밀하고 탁월한 계획으로 이 모든 일을 이끌어간 윤선도의 사상과 감각을 더욱 입체적으로 다룰 이유가 이제 충분해졌다.

# 참고문헌

## 고문헌

- 『경국대전(經國大典)』
- 『비변사등록(備邊司謄錄)』
- 『세종실록(世宗實錄)』
- 『숙종실록(肅宗實錄)』
- 『속대전(續大典)』
- 공자, 『논어(論語)』
- 유형원, 『동국여지지(東國輿地志)』
- 윤선도, 『고산유고(孤山遺稿)』
- 윤위, 『보길도지(甫吉島誌)』
- 이황, 『도산십이곡(陶山十二曲)』
- 정약용, 『경세유표(經世遺表)』
- 정약용, 『역주 목민심서(譯註 牧民心書)』
- 주자, 『소학제사(小學題辭)』
- 필자미상, 『가장유사(家藏遺事)』
- 해남윤씨가 고문서

## 단행본

- 고미숙, 2013, 『윤선도평전』, 한겨레출판

· 고영진, 2022, 『비판적 지식인 윤선도』, 푸른역사

· 기태완, 2012, 『꽃, 들여다보다』, 푸른지식

· 김덕수 외, 2018, 『녹우당에서 고산을 그리다』, 한국학중앙연구원출판부

· 김동진, 2017, 『조선의 생태환경사』, 푸른역사.

· 김연금 외, 배정한 엮음, 2013, 『용산공원』, 나무도시

· 김영주, 2020, 『그대의 빼어난 예술이 덕을 가리었네』, 열화당

· 김준, 2015, 『섬문화답사기 완도편』, 보누스

· 도시재생네트워크, 2009, 『뉴욕 런던 서울의 도시재생이야기』, 픽셀하우스

· 박영한·오상한, 2004, 『조선시대 간척지 개발』, 서울대학교출판부

· 성종상, 2010, 『고산 윤선도 원림을 읽다』, 나무도시

· 윤선도, 이형대 외 엮음, 2004, 『국역 고산유고』, 소명출판

· 윤영표 편저, 1988, 『녹우당의 가보』, 해남윤씨문중

· 윤이후 저, 하영휘 외 역, 2021, 『윤이후의 지암일기』, 너머북스

· 이규목, 1992, 『도시와 상징』, 일지사

· 정동오, 1986, 『한국의 정원』, 민음사

· 정윤섭, 2012, 『해남윤씨가의 간척과 도서경영』, 민속원

· 정윤섭, 2015, 『녹우당』, 열화당

· 정재훈, 1996, 『한국전통의 원』, 도서출판 조경

· 정재훈, 2004, 『보길도 부용동 원림』, 열화당

- 한국정신문화연구원, 1986, 『고문서집성3-해남윤씨』

- 홍선기, 2018, 『섬 생태계: 자연과 인간의 공생경관』, 민속원

- Czerniak, Julia, Hargreaves, George 저, 배정한+idla 역, 2010, 『라지파크』, 도서출판 조경

## 학술논문

- 김경옥, 1997, 「노화도의 연혁과 사회변화」, 도서문화 25집, 1-23쪽.

- 김동열·천득염, 2008, 「보길도 동천석실 영역의 복원적 고찰」, 건축역사연구, 17(4), 113-127쪽.

- 김선경, 1994, 「조선전기 산림제도-조선국가의 산림정책과 인민지배」, 국사관논총, 56, 87-126쪽.

- 김선경, 1999, 「조선후기 산림천택 사점에 관한 연구」, 경희대학교 박사학위논문.

- 김선경, 2000, 「17~18세기 양반층의 산림천택 사점과 운영」, 역사연구, 7, 9-73쪽.

- 김영모, 2007, 「전통 정원의 보존 및 복원 원칙 설정을 위한 시론적 연구」, 한국전통조경학회지, 제25권,
  72-85쪽.

- 김영필, 2006, 「보길도 윤선도유적 복원을 위한 기초적 연구」, 전남문화재, 제13집.

- 김영필, 2010, 「보길도 윤선도 유적에 관한 건축적 고찰」, 건축역사연구, 19(1), 7-26쪽.

- 김종해·이행렬, 2013, 「윤선도 원림의 수공간 특성에 관한 연구: 부용동 원림을 중심으로」, 휴양 및 경관계획
  연구소 논문집, 7(1), 25-38쪽.

- 김철수 외 2인, 1989, 「보길도 식물상과 식생에 관한 식물사회학적 연구」, 연안생물연구소, 6(1), 65-95쪽.

- 김한배, 2012, 「조선 시대 산수화의 경관관이 원림양식에 미친 영향」, 한국조경학회지, 40(2), 49-63쪽.

- 김혁, 2007, 「19세기 사족층의 선영경관 조성과 그 의미」, 퇴계학과 유교문화, 40, 333-373쪽.

• 문숙자, 2001, 「퇴계학파의 경제적 기반: 재산형성과 소유 규모를 중심으로」, 정신문화연구, 24(4), 75-96쪽.

• 문영오, 1998, 「고산문학의 풍수사상 현장화 양태 고구」, 국어국문학회지, 121, 113-138쪽.

• 성종상, 2003, 「조경설계에 있어서 '생태-문화' 통합적 접근에 관한 연구-고산 윤선도 원림을 중심으로」, 서울대학교 박사학위논문.

• 성종상, 2005, 「고산 윤선도 원림의 생태적 수경연출기법」, 환경논총, 43, 269-280쪽.

• 성종상, 2012, 「정원에서의 걷기 소고: 금쇄동, 졸정원, 뤄삼가든 비교」, 환경논총, 51, 73-95쪽.

• 성종상, 2012, 「한국전통 정원에 구현된 풍수미학 연구」, 한국전통조경학회, 30(4), 70-80쪽.

• 성종상, 2015, 「금쇄동기로 본 고산 윤선도원림 미학: 걷기에 의한 동적 체험구도를 중심으로」, 제2회 정원학 심포지엄 자료집, 한국조경학회, 23-24쪽.

• 송하진, 1989, 「보길도 지명의 조사 연구」, 고산연구, 3, 73-99쪽.

• 신종일, 2004, 「보길도 별서건축을 경영한 고산 윤선도의 건축관에 관한 연구」, 건축역사연구, 13(3), 21-36쪽.

• 양병이 외 2인, 2003, 「선비 문화가 조선 시대 별서정원에 미친 영향에 관한 연구」, 한국정원학회지, 21(1), 9-20쪽.

• 유가현·성종상, 2009, 「윤선도의 고산별서 입지에 관한 연구」, 한국전통조경학회지, 27(1), 11-19쪽.

• 유광화, 2014, 「보길도 윤선도 원림의 보전평가에 관한 연구」, 서울시립대학교 석사학위논문.

• 유근주 외, 1997, 「고설식 온돌집의 조영특성에 관한 연구」, 대한건축학회, 대한건축학회논문집, 13(11), 213-225쪽.

• 이병삼, 2005, 「15~16세기 해남지방 재지사족의 형성과 성장에 대한 일고찰」, 목포대학교 석사학위논문.

• 이승희·김한배, 2014, 「문화경관 개념으로 본 윤선도 부용동 정원의 가치」, 한국경관학회지, 6(2), 54-65쪽.

- 이승희, 2015, 「고산 윤선도 원림 권역의 문화경관적 해석과 가치」, 서울시립대학교 박사학위논문.
- 이안진, 2005, 「고산 윤선도의 조경관과 정원의 조성특성에 관한 연구」, 서울시립대학교 석사학위논문.
- 이재근, 2008, 「별서조경의 정비 및 개선방안」, 국립문화재연구소 학술대회 논문집.
- 이태겸·박성현, 2019, 「문화경관으로서의 섬문화유산 해석을 위한 시론적 연구-보길도 윤선도 원림 및 관련 해남윤씨가 유산을 중심으로」, 도서문화,53, 147-170쪽.
- 이태겸·김한배, 2019, 「조선조 토지제도와 인식을 통해 본 보길도 윤선도 원림 조영 배경 연구」, 한국전통조경학회지, 37(2), 1-10쪽.
- 이해준, 1990, 「보길도 지역의 역사문화 배경」, 도서문화, 8, 9-30쪽.
- 이혁종, 2009, 「전통조경 공간에서 나타난 동천의 조영 특성」, 서울시립대학교 석사학위논문.
- 장춘석, 2002, 「고산 윤선도의 경세치용에 관한 연구」, 호남문화연구, 30, 113-133쪽.
- 정동오, 1977, 「윤선도의 부용동 원림에 관한 연구」, 고산연구 1, 269-394쪽.
- 정윤섭, 2008, 「16~18세기 해남윤씨가의 해언전 개발과정과 배경」, 지방사와 지방문화, 역사문화학회, 11(1), 111~147쪽.
- 조경만, 1990, 「보길도의 자연환경과 문화에 관한 현지작업: 예송리 사례를 중심으로」, 도서문화, 8, 85-126쪽.
- 최원석, 2012, 「보길도 윤선도 원림의 풍수경관과 세계유산적 가치」, 남도문화연구, 22, 245-273쪽.

## 보고서

- 국립문화재연구소, 2012, 『원림복원을 위한 전통 공간 조성기법 연구 2차』, 국립문화재연구소
- 문화재관리국(문화재청), 1992, 『문화재수리보고서』, 문화재청

• 문화재관리국(문화재청), 1993, 『문화재수리보고서』, 문화재청

• 문화재청, 2003, 『보길도윤선도유적(세연지) 정비 현지자문회의 결과 검토_ 문화재위원회 자문회의 결과』

• 문화재청, 2004, 『보길도 윤선도 유적지 정비사업 기술지도회의 결과 보고_ 문화재위원회 사적분과 3차 회의 결과』

• 완도군, 1981, 『甫吉島尹孤山遺蹟調査報告書』, 완도군

• 완도군, 2007, 『보길도윤선도유적 낙서재 영역 복원기본계획』, 완도군

• 전남문화재연구원, 2003, 『완도 보길도 윤선도유적』, 전남문화재연구원

• 전남문화재연구원, 2006, 『완도 보길도 윤선도유적Ⅱ』, 전남문화재연구원

• 전남문화재연구원, 2009, 『완도 보길도 윤선도유적Ⅲ』, 전남문화재연구원

• 한국건축문화연구소, 1999, 『윤선도유적 현산고성 학술연구보고서』, 해남군청

## 그 외 자료

• 공공누리 https://www.kogl.or.kr

• 국립문화재연구소 http://www.nrich.go.kr

• 녹우당문화예술재단 홈페이지, http://www.nokwoo.co.kr

• 민족소식 https://webzine.nfm.go.kr

• 일본공문서기록관, 「朝鮮林野分布圖」, https://www.digital.archives.go.jp

• 정보문화포털 https://www.kculture.or.kr

• 카카오지도 https://map.kakao.com

## 지은이 · 이태겸

우리나라 옛 정원의 문화경관적 해석을
주제로 조경학 박사학위를 받았습니다.
한국섬진흥원 연구위원으로 재직 중이며,
특별한 이야기가 숨어있는 지역 사회와
문화 유산이 가득한 섬을 찾아다니며
연구와 활동을 하고 있습니다.
관련된 연구로는 「조선조 토지제도와 인식을
통해 본 고산 윤선도 원림 조영 배경 연구」,
「문화경관으로서의 섬 문화유산 해석을 위한
시론적 연구」 등이 있습니다. 2020년부터
「한국조경신문」에 '조경시대' 칼럼을 연재하고
있고, 공저로 『새로운 미래, 담대한 여정
(2021)』, 『회복력과 전환(2022)』이 있습니다.

**e-mail: goodsalad@naver.com**

# 보길 윤선도 원림,
## 그곳에 숨겨진 놀라운 가치

마지막 페이지를 덮고 나서 한국의 3대 전통 정원 중 하나로 꼽히며 사적 368호로 지정된 우리 보길의 윤선도 원림만큼 귀한 서적이라는 생각이 들었다. 단편적인 기록을 설명하는 데 그치지 않고 400년이 넘는 시간을 거슬러 올라 고산 윤선도의 발자취를 세심히 들여다보며, 역사적 고증을 바탕으로 한 원림의 문화, 경관적 의미는 물론 입체적인 시각으로 사상, 학문, 사회·경제적 측면까지 담아낸 저자의 노고에 경의를 표한다.

공간은 실제적인 공간뿐만 아니라 심리적인 공간, 미래 지향적인 공간 등의 복합적인 의미를 내포하고 있으며, 역사는 바라보는 사람의 관점에 따라 새로운 가치를 낳기도 한다. 그런 의미에서 이 책은 흔한 공간·역사 안내서가 아닌 윤선도 원림의 과거, 현재, 미래에 대해 새롭게 고찰해 볼 수 있게 했으며 고산 윤선도의 삶의 가치도 엿볼 수 있게 했다.

특히 원림을 이상향의 공간인 무릉도원을 넘어서 사회 공동체 터전으로 인식하고 지리적 장점을 활용한 간척 등을 통해 공간적 가치를 확장시키려 했다는 점이 실로 놀라웠다. 작가이며 조경가로 알려진 윤선도의 공간에 대한 감각, 경영 마인드는 높이 평가받아 마땅하다.

그리고 우리가 추구하는 이상향은 무엇일지, 어떻게 하면 현실화할 수 있을지에 대해서도 생각해 보게 된다. 윤선도가 '인간 세상에서는 볼 수 없는 곳, 신은 보길도를 사랑한다'는 표현을 했다. 자연을 '최고의 경지'라고 한 윤선도가 지은 원림, 그리고 윤선도가 원림을 자신만의 신선 세계로 만들어간 것처럼 원림을 찾는 많은 이들이 근심을 털어내고 평안할 수 있도록 군은 원림을 자연 친화적으로 잘 가꾸어 나갈 것이다.

윤선도 원림을 찾기 전, 꼭 이 책을 읽어보길 권한다. 400년 전의 이야기가 떠오르며 원림에 놓인 돌 하나하나, 나무 한 그루까지도 달리 보이고, 그곳에서의 시간이 꽤 흥미로워질 것이다.

완도 군수   신 우 철

# 창작자를 위한 섬 콘텐츠,
# 정원을 경영의 시선으로 바라본
# 새로운 정원과 섬 이야기

조선의 문신이자 시인인 윤선도. 〈어부사시사〉를 지은 그는 자연을 문학 제재로 택한 시조 작가 가운데 가장 탁월한 역량을 지닌 것으로 평가받는 문인이기도 하다. 오랜 유배 생활과 정치적 좌절 등으로 고난과 역경의 삶을 살았지만, 현실 세계에 구현한 자신만의 이상향에서 풍류를 즐기며 이를 극복한 자연인으로서의 삶이 더 깊은 인상을 준다.

조선 시대 대표적인 조경가로서 보길도와 해남에 정원을 직접 조성해 즐긴 그의 행적은 현재까지 고스란히 남아 섬 속의 낙원으로 불리며 서남해안의 주요 관광자원으로 확고한 위치를 차지하고 있다. 보길도 윤선도 원림은 명승으로 지정돼 자연유산으로 탁월한 가치를 인정받을 뿐만 아니라, 사람들에게 자연과 더불어 사는 삶의 지혜를 전해주는 보고로서 의미가 있는 곳이다.

익히 알려진 이 같은 사실과 정보들을 바탕으로 윤선도를 바라보는 시각과 평가는 아름다운 정원과 문학의 작가로서 감성적인 내용들이 주를 이룬다. 여기서 간과되는 부분들이 있다. 정원을 조성하고 경영한 목적과 배경에는 경제적인 이유가 있다는 사실이다.

윤선도 전문가 중 한 사람인 저자는 정원과 간척지, 산업과 물류, 개발과 관리 같은 경제적으로 연관된 키워드를 쫓았다. 자연애호가로서 윤선도를 보는 시각에서 벗어나 개발자 윤선도가 보는 시각으로 접근한 것이다. 윤선도가 장소의 가치를 발견하고 연결하며 확장시키는 일련의 과정은 현 시대의 디벨로퍼가 제안하는 개발 과정과 오버랩된다. 이러한 관점에서 바라본 윤선도 정원의 기능은 낭만적인 생활공간이자 놀이공간을 넘어, 서남해안을 경영하는 범주로까지 확장된다.

더욱이 입체화한 윤선도 캐릭터와 넓어진 세계관은 소설과 드라마, 영화의 시나리오로 손색이 없는 매력적인 소재를 제공한다. 창작의 고통과 고증의 노력을 현저하게 줄여줄 완성된 취재 노트가 될 것이기에 창작자들에게 놓치지 말라고 추천한다. 정원, 섬 전문가인 저자의 시선을 따라 섬 문화유산 콘텐츠의 차별화된 가치를 한껏 느껴보길 바란다.

한국섬진흥원 원장  오 동 호

# 윤선도의 생애와
# 역사적 공간의 재평가

최근 섬에 관한 관심이 커지면서 여러 가지 섬 관련 책들이 출간되고 있다. 대부분이 개인적으로 여러 섬을 답사한 경험담, 섬의 역사나 문화탐방에 대한 글, 섬 여행과 먹은 음식에 관한 내용이 대부분인데, 섬을 잘 모르는 사람들에게는 흥밋거리를 제공한다. 그러나 섬 관련 책 내용이 서로 비슷한 것이 많아 식상할 즈음, 이 책이 출간되어 무척 다행이라 생각된다.

이 책은 완도의 섬 보길도의 윤선도 생애와 역사적 공간을 재평가하는데 중요한 학술서적이다. 이 책은 보길도에 유배 온 조선 중기, 후기의 문신이자 시조 작가, 정치인인 윤선도의 일대기, 그러나 유배 중이지만 보길도를 중심으로 서남해의 바다를 거대하게 경영하고 해양중심으로 디자인하고자 했던 '디벨로퍼(developer)'의 면목을 다양한 자료를 통하여 상세히 기술하고 있다. 윤선도는 유배지였던 보길도의 바다와 연안을 간척, 해상 경영, 정원을 통해 자급자족의 섬 경영을 시도했다. 섬과 바다 경영을 위해서는 자원의 종류, 분포, 특성을 면밀하게 검토하고 조사하는 것이 기본이다. 윤선도는 섬을 일주하고, 여러 산 정상을 올라 보면서 보길도의 산림, 연안, 마을의 위치와 자원의 특성을 살폈다. 이러한 그의 노력은 보길도의 많은 유적지에서 그의 포부를 읽을 수 있다. 울창한 산림을 보호하고자 세웠다는 낙서재와 동천석실, 당시 귀한 소금을 생산하기 위한 물을 제공했던 세연지, 생활용수를 공급했던 곡수당의 연지 등은 윤선도의 세밀한 해양과 산림 분석의 산물이라고 할 수 있다.

저자는 윤선도를 이상향을 가진 창조적 경영자이자 사회적 공동체를 이루고자 했던 계몽가로 기술하고 있다. 산림과 마을의 계획에서 시작하여 묘지, 농지, 수로, 연안에 이르기까지 인지과학적인 기반(당시엔 풍수지리적 방법이었지만, 현대적 의미에서는 조경미학, 경관생태학적 관점으로 재해석됨)을 통해 보길도 섬 전체를 디자인했다. 물론 해남 윤씨 가문이 경작지를 간척하고 관리하려는 방안으로 고안했다고 할 수 있지만, 그 혜택은 당연히 섬 주민들에게도 영향을 미쳤다고 볼 수 있다. 제주도에 가는 길에 보길도에 도착한 윤선도는 낙후된 섬 환경을 개선하고, 섬 산업을 일으키고, 나아가서 해양경영을 실현하고자 노력했던 진정한 '디벨로퍼'의 면모를 보여줬다.

저자는 조경학자의 시선으로 보길도에서 윤선도의 역할을 조경가를 넘어 경영자, 개발자로서 자리매김하였다. 그러나, 이 책을 통해서 나는 윤선도를 '과학자(scientist)'이며, 또한 '학제간(interdisciplinary) 연구자'로서 추가하여 평가한다. 보길도에서 펼쳐진 산림, 조경, 토지이용, 경관관리, 수목, 생물, 건축, 토목 등 이 모든 학문 체계를 융합하고, 통합하고, 해석할 수 있었던 사람이 윤선도였다고 생각한다. 그런 의미에서 윤선도는 진정 실사구시의 '디벨로퍼'이며, 도서해양의 과학적 경영의 선구자라고 할 수 있다.

이 책은 경관생태 연구자인 나에게도 신선한 충격을 주고 있다. 특히 단순히 인물, 섬 답사, 경험담을 넘어 보길도의 공간을 방대한 자료를 토대로 역사생태, 조경사, 생태문화의 관점에서 서술한 것은 기존 섬 연구의 차원을 높인 성과라 볼 수 있다.

국립목포대학교 도서문화연구원 교수, (사)한국섬재단 이사장  홍 선 기  *Sunkee tang*

# 디벨로퍼 윤선도

정원으로 서남해안을 경영하다

ⓒ 이태겸 2022

발행  2022년 11월 15일

지음  이태겸
편집  박지현, 김혁준
교정  이중용
사진  김혁준

디자인  픽셀커뮤니케이션
인쇄  우일인쇄공사
용지  이지포스트

펴낸이  이정해
펴낸곳  픽셀하우스
등록  2006년 1월 20일 제319-2006-1호
주소  서울시 강남구 논현로26길 42, b1 studio
전화  02 825 3633
팩스  02 2179 9911
웹사이트  www.pixelhouse.co.kr
이메일  pixelhouse@naver.com
isbn  978-89-98940-21-8(93910)
정가  20,000원

* 이 책은 한국출판문화산업진흥원의 「2022년 인문 교육 콘텐츠 개발 지원 사업」을 통해
  발간된 도서입니다.